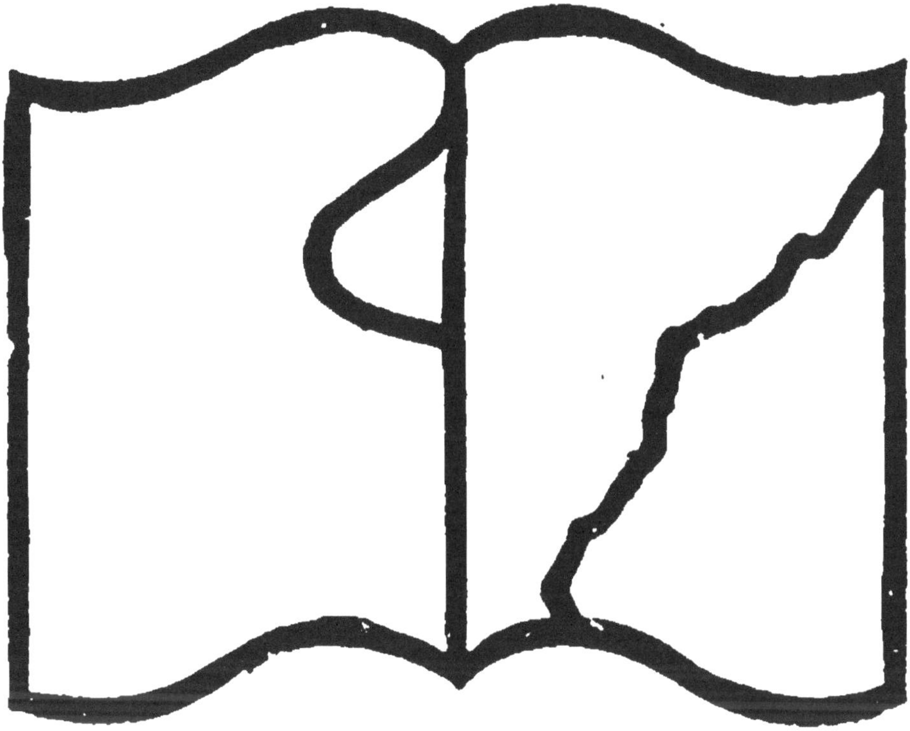

MAXIMES MORALES
DU PETIT ÉCOLIER FRANÇAIS

Enseignement moral des Écoles primaires

COURS ÉLÉMENTAIRE

2e édition

PAR

J. GÉRARD

RECTEUR DE L'ACADÉMIE
DE MONTPELLIER
LAURÉAT DE L'ACADÉMIE FRANÇAISE

OUVRAGE COURONNÉ
par l'Académie des sciences morales et politiques

PARIS
DEDALGE JEUNE, LIBRAIRE-ÉDITEUR
75, RUE DES SAINTS-PÈRES, 75

MAXIMES MORALES

DU PETIT ÉCOLIER FRANÇAIS

ENSEIGNEMENT MORAL DES ÉCOLES PRIMAIRES

Ouvrage couronné par l'Académie des sciences morales et politiques

COURS ÉLÉMENTAIRE ET MOYEN

PAR

J. GÉRARD

RECTEUR DE L'ACADÉMIE DE MONTPELLIER
LAURÉAT DE L'ACADÉMIE FRANÇAISE

2e ÉDITION

PARIS

GEDALGE JEUNE, LIBRAIRE-ÉDITEUR

75, RUE DES SAINTS-PÈRES, 75

1892

AVERTISSEMENT

Nous avons cherché dans ce petit livre à nous mettre le plus possible à la portée des enfants par la simplicité du langage et par le caractère élémentaire de l'enseignement. « *Enseignement par le cœur* », disait excellemment l'auteur des programmes de 1882. C'est la devise que nous choisirions volontiers pour nos leçons, et que nous avons eue constamment en vue en les écrivant. Cest par le cœur que la conscience s'éveille chez l'enfant, c'est à travers le sentiment qu'il faut chercher à parler à sa raison.

Nous n'avons pas cru toutefois devoir nous borner à une simple morale en action. Si les exemples se gravent avec plus de facilité que les préceptes dans l'esprit des enfants, ils ne peuvent suffire par eux seuls à un enseignement suivi et fructueux. Il est bon, d'ailleurs, que, tout en proposant aux jeunes esprits des modèles qui leur montrent le devoir réalisé, et sont pour eux une cause d'encouragement et d'émulation, on les habitue à se rendre compte, sans raisonnements abstraits, mais par un appel familier à leur conscience naissante, de ce qui fait la convenance ou la beauté de ce devoir. Il faut les initier peu à peu à ces retours sur eux-mêmes, à cette surveillance intime de leurs actes et de leurs intentions qui sont la condition de la vie morale.

C'est pour cela qu'à côté des devoirs de l'enfant envers ses parents, envers ses maîtres, envers les autres hommes, nous avons fait une large part à l'étude des petits défauts et des petites vertus de l'enfance. Faire comprendre à l'enfant qu'il a des devoirs envers lui-même, n'est pas chose facile ; les adultes eux-mêmes ont souvent quelque peine à l'admettre. Mais lui faire sentir la laideur et les inconvénients de la colère, du mensonge, de l'égoïsme, de l'avarice, de l'orgueil, de la paresse, de la vanité, et les avantages de la patience, de la sincérité, du travail, de la modestie, est une tâche relativement aisée, et sûrement fructueuse.

Ce qui, par-dessus tout, nous a semblé nécessaire, ç'a été de n'entretenir les enfants que des devoirs des enfants ; ce sont les seuls qu'ils puissent bien comprendre, et auxquels il soit possible de les intéresser. A leur parler trop tôt des devoirs qui ne sont pas à leur portée, on risque de les habituer à considérer l'enseignement moral comme un enseignement de mots plutôt que de choses, et les maximes dont on veut les pénétrer se gravent dans leur mémoire plus que dans leur cœur.

C'est d'ailleurs en se familiarisant avec les devoirs de leur âge par des réflexions et des exemples de leur âge, qu'ils se prépareront le plus efficacement aux devoirs généraux dont le cours supérieur abordera l'étude.

Pour tout dire en un mot, ce que nous avons cherché à présenter ici, ce sont des *leçons de choses morales.*

C'est pour répondre à ce programme que nous avons cherché à condenser les préceptes moraux en maximes simples et concrètes, présentant le devoir sous sa forme la plus accessible et la plus impérative. Nous avons fait de ces maximes les titres mêmes des chapitres et des leçons de ce petit livre. espérant que, sous cet aspect, elles frapperont plus facilement l'esprit des enfants, et s'y graveront plus sûrement. On a, d'ailleurs, fait ressortir, par des **caractères spéciaux**, dans le cours des leçons, toutes les pensées qui peuvent servir de développement ou de complément aux maximes. Il sera bon, pour attirer le plus directement et le plus longtemps possible sur les unes et les autres l'attention des élèves, de les écrire sur le tableau noir, et de les laisser pendant toute la durée de la classe sous les yeux des enfants.

D'autre part, les anecdotes et les exemples choisis, se rapportant tous à la vie des enfants dans la famille et dans l'école, il ne sera pas difficile aux maîtres d'en faire l'application à leurs élèves, et de les adapter aux faits de même nature que l'expérience de chaque jour ne manquera pas d'amener. Il n'y aura, dans bien des cas, que les noms et quelques détails à changer. Ainsi se trouveront facilités ces *exercices pratiques*, qui doivent, suivant les termes des programmes de 1882, *mettre la morale en action dans la classe même.*

Un livre, quel qu'il soit, ne peut fournir à l'enseignement moral que sa matière et son cadre. C'est au maître de communiquer à cet enseignement l'accent persuasif qui peut seul le rendre efficace, et, par son inspiration et son autorité morale, de lui donner une âme. Cette partie la plus délicate et la plus élevée de la tâche, sera toujours l'œuvre de nos instituteurs. Notre seul désir a été de les aider dans cette œuvre de laquelle dépend le progrès moral, et par suite l'avenir de notre pays.

J. G.

Nous ne croyons pouvoir mieux faire, pour caractériser l'esprit et la méthode de l'enseignement moral, que de reproduire ici l'introduction des programmes de 1882.

ÉDUCATION MORALE.

OBJET. — MÉTHODE. — PROGRAMME.

OBJET DE L'ENSEIGNEMENT MORAL.

L'éducation morale se distingue profondément par son but et par ses caractères essentiels des deux autres parties du programme.

But et caractères essentiels de cet enseignement.

L'enseignement moral est destiné à compléter et à relier, à relever et à ennoblir tous les enseignements de l'école. Tandis que les autres études développent chacune un ordre spécial d'aptitudes et de connaissances utiles, celle-ci tend à développer, dans l'homme, l'homme lui-même, c'est-à-dire un cœur, une intelligence, une conscience.

Par là même, l'enseignement moral se meut dans une tout autre sphère que le reste de l'enseignement. La force de l'éducation morale dépend bien moins de la précision et de la liaison logique des vérités enseignées que de l'intensité du sentiment, de la vivacité des impressions et de la chaleur communicative de la conviction. Cette éducation n'a pas pour but de faire *savoir*, mais de faire *vouloir*; elle émeut plus qu'elle ne démontre; devant agir sur l'être sensible, elle procède plus du cœur que du raisonnement; elle n'entreprend pas d'analyser toutes les raisons de l'acte moral; elle cherche avant tout à le produire, à le répéter, à lui en faire une habitude qui gouverne la vie. A l'école primaire surtout, ce n'est pas une science, c'est un art, l'art d'incliner la volonté libre vers le bien.

Rôle de l'instituteur dans cet enseignement.

L'instituteur est chargé de cette partie de l'éducation, en même temps que des autres, comme représentant de la société : la société laïque et démocratique a, en effet, l'intérêt le plus direct à ce que tous ses membres soient initiés de bonne heure, et par des leçons ineffaçables, au sentiment de leur dignité et à un sentiment non moins profond de leur devoir et de leur responsabilité personnelle.

Pour atteindre ce but, l'instituteur n'a pas à enseigner de toutes pièces une morale théorique, suivie d'une morale pratique, comme s'il s'adressait à des enfants dépourvus de toute notion préalable du bien et du mal : l'immense majorité lui arrive, au contraire, ayant déjà reçu ou recevant un enseignement religieux qui les familiarise avec l'idée d'un Dieu auteur de l'univers et père des hommes, avec les traditions, les croyances, les pratiques d'un culte chrétien ou israélite; au moyen de ce culte et sous les formes qui lui sont particulières, ils ont déjà reçu les notions fondamentales de la morale éternelle et universelle; mais ces notions sont encore chez eux à l'état de germe naissant et fragile : elles n'ont pas pénétré profondément en eux-mêmes ; elles sont fugitives et confuses, plutôt entrevues que possédées, confiées à la mémoire bien plus qu'à la conscience, à peine exercée encore. Elles attendent d'être mûries et développées par une culture convenable. C'est cette culture que l'instituteur public va leur donner.

Sa mission est donc bien délimitée : elle consiste à fortifier, à enraciner dans l'âme de ses élèves, pour toute leur vie, en les faisant passer dans la pratique quotidienne, ces notions essentielles de moralité humaine, communes à toutes les doctrines et nécessaires à tous les hommes civilisés. Il peut remplir cette mission sans avoir à faire personnellement ni adhésion, ni opposition à aucune des diverses croyances confessionnelles auxquelles ses élèves associent et mêlent les principes généraux de la morale.

Il prend ces enfants tels qu'ils lui viennent, avec leurs idées et leur langage, avec les croyances qu'ils tiennent de la famille, et il n'a d'autre souci que de leur apprendre à en tirer ce qu'elles contiennent de plus précieux au point de vue social, c'est-à-dire les préceptes d'une haute moralité.

Objet propre et limites de cet enseignement.

L'enseignement moral laïque se distingue donc de l'enseignement religieux sans le contredire. L'instituteur ne se substitue ni au prêtre, ni au père de famille ; il joint ses efforts aux leurs pour faire de chaque enfant un honnête homme. Il doit insister sur les devoirs qui rapprochent les hommes, et non sur les dogmes qui les divisent. Toute discussion théologique et philosophique lui est manifestement interdite par le caractère même de ses fonctions, par l'âge de ses élèves, par la confiance des familles et de l'État : il concentre tous ses efforts sur un problème d'une autre nature, mais non moins ardu, par cela même qu'il est exclusivement pratique : c'est de faire faire à tous ces enfants l'apprentissage effectif de la vie morale.

Plus tard, devenus citoyens, ils seront peut-être séparés par des opinions dogmatiques, mais du moins ils seront d'accord dans la pratique pour placer le but de la vie aussi haut que possible ; pour avoir la même horreur de tout ce qui est bas et vil, la même admiration de ce qui est noble et généreux, la même délicatesse dans l'appréciation du devoir, pour aspirer au perfectionnement moral, quelques efforts qu'il coûte ; pour se sentir unis, dans ce culte général du bien, du beau et du vrai qui est aussi une forme, et non la moins pure, du sentiment religieux.

LA MÉTHODE.

Caractères de la méthode en ce qui concerne l'élève.

Pour que la culture morale, entendue comme il est dit plus haut, soit possible et soit efficace dans l'enseignement primaire, une condition est indispensable : c'est que cet enseignement atteigne au vif de l'âme ; qu'il ne se confonde ni par le ton, ni par le caractère, ni par la forme, avec une leçon proprement dite. Il ne suffit pas de donner à l'élève des notions correctes et de le munir de sages maximes, il faut arriver à faire éclore en lui des sentiments assez vrais et assez forts pour l'aider un jour, dans la lutte de la vie, à triompher des passions et des vices. On demande à l'instituteur, non pas d'orner la mémoire de l'enfant, mais de toucher son cœur, de lui faire ressentir, par une expérience directe, la majesté de la loi morale; c'est assez dire que les moyens à employer ne peuvent être semblables à ceux d'un cours de science ou de grammaire. Ils doivent être non seulement plus souples et plus variés, mais plus intimes, plus émouvants, plus pratiques, d'un caractère tout ensemble moins didactique et plus grave.

L'instituteur ne saurait trop se représenter qu'il s'agit pour lui de former chez l'enfant le sens moral, de l'aiguiser, de le redresser parfois, de l'affermir toujours; et, pour y parvenir, le plus sûr moyen dont dispose un maître qui n'a que si peu de temps pour une œuvre si longue, c'est d'exercer beaucoup, et avec un soin extrême, ce délicat instrument de la conscience. Qu'il se borne aux points essentiels, qu'il reste élémentaire, mais clair, mais simple, mais impératif et persuasif tout ensemble. Il doit laisser de côté les développements qui trouveraient leur place dans un enseignement plus élevé. Pour lui la tâche se borne à accumuler, dans l'esprit et dans le cœur de l'enfant, qu'il entreprend de façonner à la vie morale, assez de beaux exemples, assez de bonnes impressions, assez de saines idées, d'habitudes salutaires et de bonnes inspirations pour que cet enfant emporte de l'école, avec son petit patrimoine de connaissances élémentaires, un trésor plus précieux encore, une conscience droite.

Caractères de la méthode en ce qui concerne le maître.

Deux choses sont expressément recommandées aux maîtres. D'une part, pour que l'élève se pénètre de ce respect de la morale qui est à lui seul toute une éducation, il faut premièrement que, par son caractère, par sa conduite, par son langage, il soit lui-même le plus persuasif des exemples. Dans cet ordre d'enseignement, ce qui ne vient pas du cœur, ne va pas au cœur. Un maître qui récite des préceptes, qui parle du devoir sans conviction, sans chaleur, fait bien pis que perdre sa peine, il est en faute : un cours de morale régulier, mais froid, banal et sec, n'enseigne pas la morale, parce qu'il ne la fait pas aimer. Le plus simple récit où l'enfant pourra surprendre un accent de gravité, un seul mot sincère vaut mieux qu'une longue suite de leçons machinales.

D'autre part, — et il est à peine besoin de formuler cette prescription, — le maître devra éviter comme une mauvaise action, tout ce qui, dans son langage ou dans son attitude, blesserait les croyances religieuses des enfants confiés à ses soins, tout ce qui porterait le trouble dans leur esprit, tout ce qui trahirait de sa part, envers une opinion quelconque, un manque de respect ou de réserve.

La seule obligation à laquelle il soit tenu, — et elle est compatible avec le respect de toutes les croyances, — c'est de surveiller d'une façon pratique et paternelle le développement moral de ses élèves avec la même sollicitude qu'il met à suivre leurs progrès scolaires ; il ne doit pas se croire quitte envers aucun d'eux s'il n'a fait autant pour l'éducation du caractère que pour celle de l'intelligence. A ce prix seulement, l'instituteur aura mérité le titre d'**éducateur**, et l'instruction primaire, le nom d'**éducation libérale**.

MAXIMES MORALES
DU PETIT ÉCOLIER FRANÇAIS

CHAPITRE PREMIER

IL FAUT ÊTRE UN HONNÊTE HOMME

PREMIÈRE LEÇON

Il faut être un honnête homme.

1. Mes enfants, nous allons commencer aujourd'hui les *leçons de morale*. C'est ici qu'il faut écouter de toutes vos oreilles et aussi de tout votre cœur ; car ce que vous avez à apprendre est ce qu'il y a de plus important, de plus beau et de plus grand au monde : *l'art d'être honnête et bon*.

2. Si petits que vous soyez, mes enfants, vous savez bien déjà tout ce que valent ces simples mots : *un honnête homme !* vous avez compris qu'il n'y a pas de plus bel éloge à donner ou à recevoir.

Quand vos parents disent de quelqu'un : *celui-là, c'est un honnête homme !* vous comprenez bien qu'il s'agit d'un homme qu'ils aiment, qu'ils estiment, en qui ils ont toute confiance, parce qu'ils le savent toujours *prêt à faire son devoir, à rendre service, à se montrer juste et bon !*

3. Vous n'avez pas oublié le père Guichard, qui est mort l'année dernière. C'était un simple ouvrier, le père Guichard, qui n'avait d'autres biens que sa petite maison et le petit jardin qui l'entoure. Tout le monde pourtant le respectait et l'honorait; on lui demandait conseil, on était fier quand il vous avait serré la main. Savez-vous pourquoi, mes enfants? Ce n'était pas seulement parce qu'il avait été dans sa jeunesse un brave et courageux soldat et que, blessé à Magenta, il avait reçu sur le champ de bataille la médaille militaire; mais parce que, pendant sa longue vie, *il avait toujours fait tout le bien qui dépendait de lui, et n'avait jamais causé de tort à personne.* Jamais il ne reculait devant un devoir, quoi qu'il pût lui en coûter!

Vous vous rappelez qu'il avait une main toute brûlée, à laquelle il manquait un doigt : c'est qu'un jour, dans un incendie, en sauvant un pauvre vieillard qui allait périr, il avait reçu sur l'épaule une poutre enflammée qui faillit le tuer.

4. S'il était resté pauvre, bien qu'il fût un des meilleurs ouvriers et des plus achalandés du pays, c'est qu'il avait donné toutes ses économies pour payer les dettes d'un de ses frères, ne voulant pas que personne pût jamais dire qu'un Guichard lui avait fait perdre quelque chose. Aussi, quand il est mort, vous avez vu combien on l'a regretté; il semblait à chacun qu'il venait de perdre un bienfaiteur et un ami, et tout le monde disait qu'il n'y avait pas de vie plus belle et plus heureuse que la sienne.

5. Franklin (1), qui fut un savant illustre et l'un des fondateurs de la grande République des États-Unis, dut son élévation surtout à son honnêteté et à son courage à faire son devoir. Il nous raconte dans ses livres que, dès l'âge de huit ans, comprenant qu'**il n'y a rien de plus beau et de meilleur que la vertu**, il s'était juré à lui-même d'être un honnête homme. Dès lors, il appliqua tous ses efforts à se corriger de ses défauts et à acquérir les qualités qui lui manquaient; il se tint si bien parole, que ses concitoyens le déclarèrent le plus honnête homme de son temps.

(1) **Benjamin Franklin**, né à Boston (États-Unis d'Amérique), en 1706, mort en 1790, était le seizième enfant d'un fabricant de chandelles; il fit lui-même son instruction et son éducation. Après avoir été successivement apprenti coutelier, ouvrier imprimeur, et avoir exercé divers métiers à Boston, puis à Philadelphie et à Londres, il fut délégué par ses concitoyens en Angleterre, et, à son retour, nommé directeur général des postes. Il fut membre du congrès qui proclama l'indépendance des États-Unis, et plus tard, ambassadeur en France. Il a écrit : *La Science du Bonhomme Richard*.

6. Chacun de vous, mes enfants, pense dès à présent, j'en suis sûr, à ce qu'il sera plus tard, quand l'âge d'homme sera venu. Toi, François, tu veux être soldat, et tu te vois déjà avec les galons ou les épaulettes; toi, Paul, tu veux aller en apprentissage, et devenir, comme ton père, un habile ouvrier; voici Jacques qui commence à aider ses parents aux soins de la ferme, et qui veut être cultivateur. Pierre m'a confié l'autre jour qu'il voudrait beaucoup travailler, et beaucoup apprendre pour devenir instituteur.

Eh bien, mes enfants, *cela est très beau d'être un brave soldat, un habile ouvrier, un cultivateur intelligent et laborieux, un bon instituteur. Mais il y a quelque chose de plus beau encore, c'est d'être un honnête homme!* ou plutôt, **si l'on n'est pas un honnête homme, on ne peut être ni bon soldat, ni bon ouvrier, ni bon laboureur, ni bon maître.**

Dites-vous donc à vous-mêmes, comme Franklin: **Je veux être, je serai un honnête homme.**

Les leçons de morale vous aideront à tenir votre promesse.

QUESTIONNAIRE.

Pourquoi les leçons de morale sont-elles les plus importantes de toutes? — Qu'est-ce que la morale? — Quel est le plus bel éloge qu'on puisse faire d'un homme? — Qu'est-ce qu'un honnête homme? — Pourquoi tout le monde estimait-il le père Guichard? — Qu'est-ce que Franklin s'était juré à lui-même? — Que devons-nous rechercher avant tout?

DEUXIÈME LEÇON

Il faut toujours écouter sa conscience.

1. Mais **pour devenir un honnête homme, il faut commencer par être un honnête enfant; et un honnête enfant, c'est celui qui est un bon fils, un bon frère, un bon écolier, un bon camarade**; celui qui fait la guerre aux petits défauts qui peuvent devenir de grands vices : la gourmandise, la colère, la paresse, le mensonge; *celui enfin qui sait que*, **même à huit ans, même à six ans, un petit Français doit aimer la France, sa patrie, avec tout l'amour qu'on a pour une mère.**

2. — Mais qu'est-ce qui vous apprendra ce qu'il faut faire pour remplir ces devoirs?

— Ce sont les leçons de morale, monsieur.

— Oui, certes, mes enfants, et c'est pour cela, je vous l'ai dit, qu'elles sont les plus importantes de toutes. Mais les commandements de la morale ne sont pas pour vous des inconnus, n'est-ce pas? Ce n'est pas la morale qui les invente, elle ne fait que les rendre plus clairs et plus complets. Où donc les avez-vous déjà entendus? Est-ce seulement dans la bouche de vos parents, de vos maîtres, ou d'autres personnes?

3. Tenez, avant-hier, j'ai vu Paul qui passait le long du verger du père François; il y avait de bien belles pommes sur les branches qui bordaient la route, et Paul aurait bien eu envie d'en manger

une ; je l'ai même vu se baisser pour ramasser un caillou. Il allait le lancer, mais il l'a laissé tomber et s'en est allé en courant. Pourtant il ne m'avait pas vu, j'en suis sûr, et il n'y avait personne autre par qui il pût craindre d'être vu. Qu'est-ce donc qui l'avait arrêté? N'est-ce pas qu'il avait entendu en lui-même comme une voix qui lui disait : *Prendre une pomme dans le verger du voisin, c'est voler, et* **on ne doit pas voler ; c'est mal, c'est affreux de voler.** N'est-ce pas, Paul? c'est bien ainsi que les choses se sont passées ?

— Oh ! oui, monsieur, j'ai même essayé de résister à la voix, de lui prouver qu'une pomme n'est rien, et que je pouvais bien la prendre sans porter préjudice au père François, qui a tant de pommiers! J'aurais bien voulu qu'elle me dît que ce n'est pas mal ; mais il n'y a pas eu moyen, je n'ai pas pu la convaincre ; il me semblait, au contraire, que, plus j'avais envie des pommes, et plus elle me criait : **Prendre ce qui ne vous appartient pas, c'est voler.** Aussi, comme je sentais que si je restais à regarder les pommes je finirais peut-être par lui désobéir, je suis parti bien vite.

— Et tu as bien fait, mon ami; **une mauvaise tentation est un ennemi devant lequel même**

un petit Français a le droit de fuir, s'il voit qu'elle devienne trop forte.

4. Eh bien, *cette voix que tu as entendue en toi, ce petit juge qui a persisté à déclarer, malgré ton désir, que prendre une pomme c'est voler, c'est ce que nous appelons la conscience!* Vous la connaissez tous, mes enfants; il n'est aucun de vous à qui elle ne parle comme à Paul; c'est elle qui vous dit qu'il faut obéir à vos parents, qu'il faut travailler avec courage, qu'il est honteux de mentir. Lorsque, l'autre jour, Jules est venu m'avouer que c'était lui qui avait fait sur le cahier de Jacques les taches d'encre pour lesquelles celui-ci avait été puni, c'est sa conscience qui lui avait dit qu'**on ne doit jamais laisser punir un camarade pour une faute dont on est coupable,** et qu'**il faut toujours être franc et sincère, lors même qu'on devrait en souffrir** C'est la conscience, mes enfants, qui, en toutes circonstances, vous ordonne de faire le bien et de fuir le mal.

Habituez-vous donc à la considérer comme votre meilleure amie, car il n'y a pas de meilleurs conseils que les siens. Causez avec elle, interrogez-la, et quand elle vous a parlé clairement, ne lui résistez jamais!

Il faut toujours écouter sa conscience. — On n'est heureux que lorsqu'on est d'accord avec sa conscience.

QUESTIONNAIRE.

Que faut-il faire pour devenir un honnête homme? — Qui nous apprendra à remplir nos devoirs? — Qu'est-ce que la conscience? — Que dit-elle? — Comment faut-il l'écouter?

CHAPITRE II

IL FAUT ÊTRE UN BON FILS

TROISIÈME LEÇON

Il faut être un bon fils. — Il faut aimer son père et sa mère de tout son cœur.

1. **Le premier des devoirs**, mes enfants, **c'est d'être un bon fils.** Comment pourrait-il être bon envers les autres hommes, celui qui n'aurait pas été bon pour son père et sa mère?

2. Aimer votre père et votre mère! est-il nécessaire de vous le recommander, mes amis? c'est le cri de votre cœur; vous avez besoin de les aimer, comme vous avez besoin d'être aimés d'eux.

3. Mais ce qui est pour vous un besoin, est aussi un devoir, et le premier de tous les devoirs. **Il n'est personne qui, autant que vos parents, ait droit à votre amour.**

4. Vous leur devez la vie, et cela seul suffirait, puisque la vie est le plus précieux des dons. Mais combien d'autres choses vous leur devez encore!

Vous avez un tout petit frère, Louis; vous voyez par son exemple ce que votre première enfance a coûté de soins et de fatigues à votre mère. Il faut le nourrir, le petit enfant, sans cesse le porter dans ses bras, l'habiller, le veiller, passer parfois des nuits entières à essayer de l'endormir. Et que de précautions de tous les instants, quand il commence à marcher, pour l'empêcher de tomber, de se blesser, de se brûler, de porter à sa bouche des objets dangereux!

5. Et maintenant encore, mes enfants, que seriez-vous sans vos parents? Qui donc vous donne, chaque jour, nourriture, vêtements, logement? qui donc veille sur votre bien-être, sur votre travail, sur votre conduite?

Il vous paraît très naturel de trouver auprès de vos parents tout ce qui vous est nécessaire; mais vous êtes-vous demandé ce que ce bien-être dont ils vous entourent leur coûte d'efforts, de peines?

Quand vous vous éveillez, le matin, votre mère est déjà levée pour allumer le feu, pour préparer le déjeuner de la famille, pour mettre votre dîner ou votre goûter dans votre petit panier. Et si en rentrant vous trouvez la maison propre, votre linge bien lavé, vos habits raccommodés, n'est-ce pas à elle encore que vous le devez? Et quand vous tombez malades, que de peines nouvelles, que de veilles, que d'inquiétudes! Vous vous rappelez, Louis, que vous avez eu la fièvre l'année dernière : pendant trois semaines votre mère n'a pas quitté votre chevet, et elle n'a même pas voulu se laisser remplacer un instant pour prendre un peu de repos!

De son côté, à l'atelier, aux champs, au magasin, au bureau, votre père travaille tout le jour. Et pourquoi travaille-t-il? Pour gagner l'argent nécessaire à votre entretien. C'est pour vous que sont ses fatigues et ses sueurs, c'est pour vous aussi que sont ses pensées; et c'est l'idée de vous retrouver le soir autour de la table de famille qui soutient son courage et adoucit sa peine. Car tous ces labeurs, tous ces soins de vos parents, c'est leur amour pour vous qui les leur fait accepter avec joie.

6. Cet amour lui-même, mes enfants, est un bienfait plus grand encore que tous les autres, car c'est lui qui fait votre enfance gaie, facile, souriante. Il réchauffe votre cœur comme le soleil réchauffe et vivifie les plantes.

Vous avez rencontré plus d'une fois le petit Charles, qui l'année dernière a perdu son père et sa mère, et qui maintenant vit chez son oncle, le riche propriétaire. Vous avez peut-être porté envie à ses habits de drap fin, à son joli chapeau, à ses souliers vernis, à ses beaux gants; mais avez-vous remarqué comme il est pâle, et comme il a l'air triste? Son oncle et sa tante sont cependant bien bons pour lui; on dit même qu'ils le gâtent un peu; mais **rien ne peut remplacer l'amour d'un père et d'une mère.**

Songez à tout cela, mes enfants, et quand vous rentrerez ce soir à la maison, que votre père et votre mère sentent, à votre manière de les embrasser, que vous les aimez encore mieux qu'auparavant.

Ils comprendront alors que vous avez profité de votre première leçon de morale.

QUESTIONNAIRE.

Quelles sont les personnes que nous devons aimer le plus? — Que devons-nous à notre père et à notre mère? — Que font pour leurs enfants le père et la mère de famille? — Pourquoi acceptent-ils avec joie les peines et les privations? — Pourquoi l'orphelin est-il triste? — Que ferez-vous en entrant ce soir à la maison?

QUATRIÈME LEÇON

Il faut respecter son père et sa mère.

1. *Votre père et votre mère, mes enfants, sont vos meilleurs amis;* personne, soyez-en sûrs, ne vous aimera jamais autant qu'eux. Mais *ils sont aussi les chefs de la famille;* ils sont vos guides. Ils ont sur vous la supériorité de l'âge, de l'expérience; tous ces titres, joints à leurs bienfaits, vous font un devoir non seulement de les aimer, mais encore de les respecter. La loi elle-même dit, qu'**à tout âge, l'enfant doit respecter et honorer ses père et mère.**

2. Que diriez-vous d'un enfant qui embrasserait à tous moments son père et sa mère, mais qui se tiendrait mal devant eux, qui se mettrait à rire quand ils parlent, qui se moquerait d'eux et les tournerait en ridicule? Pensez-vous que cet enfant aimerait vraiment ses parents?

Non, n'est-ce pas? et vous jugeriez qu'il prend tout à fait le chemin de devenir un mauvais fils.

Gardez-vous donc, mes amis, d'imiter un si mauvais exemple; ne traitez pas vos parents comme des camarades, ne soyez pas trop familiers avec eux, n'abusez jamais de leur bonté!

3. Autrefois, les enfants étaient traités beaucoup plus sévèrement; ils devaient se tenir debout et tête nue devant leurs parents; on ne leur permettait pas de manger à la même table; dans certaines familles nobles, c'est à peine si le père et la mère les embrassaient aux grandes fêtes de l'année.

Vous êtes bien plus heureux aujourd'hui; c'est une joie pour vos parents de vivre toujours au milieu de vous, de s'entretenir, de jouer et même de plaisanter avec vous.

Montrez-leur par votre respect que vous comprenez tout le prix de ces témoignages de leur tendresse.

Il n'y a que les mauvais cœurs qui puissent ne pas aimer et ne pas respecter leurs parents.

QUESTIONNAIRE.

Quels sont vos meilleurs amis? — Pourquoi devez-vous respecter votre père et votre mère? — Que commande la loi? — Comment les enfants étaient-ils traités autrefois? — Pourquoi sont-ils plus heureux aujourd'hui?

Amour et dévouement des enfants pour leurs parents.

— Pourquoi, mon enfant, ne mangez-vous que la soupe et du pain sec, quand vous avez devant vous des plats de viande et de bons légumes? — Ainsi parlait le gouverneur de l'école militaire de Brienne (1) à l'un de ses jeunes pensionnaires, qui venait d'entrer à l'école, et qui, depuis son arrivée, n'avait pas voulu accepter d'autre nourriture.

Et comme l'enfant se taisait, tout confus et rougissant, mais le regard ferme cependant, et avec un air de résolution inébranlable, le gouver-

(1) **Brienne**, petite ville du département de l'Aube, où l'on avait établi une école, semblable à celle de La Flèche, pour les fils des militaires.

neur lui représenta que, dans une maison où tous doivent suivre le même régime, c'est une faute de faire autrement que ses camarades.

Puis, devant son silence, il finit par le menacer de le rendre à sa famille, s'il continuait.

— Ah! monsieur, dit l'enfant, ne croyez pas que je cherche à me distinguer de mes camarades ; mais, dans la maison de mon père, voyez-vous, nous n'avions à manger que du pain noir, et nous n'en avions pas toujours à notre faim. Ici, le pain est blanc, et j'en ai à discrétion; je mange de la soupe selon mon appétit. Quand je pense que le père et la mère, là-bas, n'ont toujours que leur pain noir, c'est plus fort que moi : j'aurais honte si je mangeais toutes ces bonnes choses; ce serait comme si j'avais le cœur de rire, quand je les verrais pleurer.

Le gouverneur, qui ne s'attendait guère à cette touchante explication, avait les larmes aux yeux. S'étant informé de la situation de cette pauvre famille, il apprit que le père était un ancien soldat, qui, malgré ses droits, n'avait pu obtenir sa pension de retraite, et était réduit à la dernière misère. Non seulement il fit réparer cette injustice, mais il voulut donner à l'enfant quelque argent pour ses menus plaisirs.

— Ah! monsieur, s'écria celui-ci, puisque vous êtes si bon, envoyez à mon père ce que vous voulez me donner. Ici, j'ai de tout en abondance, et cet argent ne me servirait à rien, tandis qu'il sera bien utile à mes parents.

Le fils du contre-amiral Casabianca, âgé de onze ans, s'était embarqué avec son père sur le vaisseau l'*Orient*, où il servait en qualité d'élève de marine. Pendant la funeste bataille d'Aboukir (1), l'*Orient* fut particulièrement maltraité par les batteries anglaises. Le contre-amiral fut blessé; matelots et soldats étaient presque tous hors de combat; enfin, pour comble de malheur, le feu prit au navire. Il n'y avait plus sur le pont que le fils de l'amiral, qui était resté sans donner le moindre signe de crainte au plus fort du danger, et un vieux matelot qui aurait bien voulu le sauver :

— Votre père, lui dit-il, est mortellement blessé et vous ordonne de vous rendre.

L'enfant n'entend que ces mots terribles : « Mon père est mortellement blessé. »

— Je mourrai! s'écrie-t-il, je mourrai avec mon père!

Et malgré les efforts du matelot, il court à la chambre où expirait le contre-amiral et le serre dans ses bras, comme s'il avait voulu le disputer à la mort. Quelques instants après, le feu atteignait les poudres, et le navire sautait ensevelissant le jeune héros sous ses débris.

Le Cri-cri.

(*Imité de P.-J. Stahl.*)

J'étais un jour, avec un de mes amis, dans une boulangerie de village; un petit enfant de six à

(1) **Aboukir**, ville d'Égypte, sur la côte de la Méditerranée, à 18 kilomètres au nord d'Alexandrie. Dans la bataille d'Aboukir, 2 août 1798, l'amiral anglais Nelson détruisit presque complètement la flotte française.

sept ans y était entré en même temps que nous; on voyait à sa petite figure amaigrie qu'il ne devait pas toujours manger à sa faim. Il demanda un pain de quatre livres; il n'avait pas d'argent, et il dit bien bas que sa maman viendrait le lendemain parler à madame la boulangère. La boulangère, qui avait bon cœur, prit un beau pain bien doré, et le lui donna. L'enfant s'en allait, serrant son pain contre sa blouse, quand on entendit sortir du fournil le chant aigu d'un grillon. Le petit s'arrêta, et levant les yeux vers la brave femme :

— Oh! madame, dit-il, ce qui vient de chanter là, n'est-ce pas ce qu'on appelle des cri-cris?

— Oui, répondit la boulangère.

— Oh! madame, reprit l'enfant, tout ému de désir et rougissant de ce qui lui paraissait une demande bien hardie, est-ce que vous voudriez bien m'en donner un? On dit que les cri-cris, ça porte bonheur aux maisons, et s'il y en avait un chez nous, maman, qui est si triste, ne pleurerait peut-être plus si souvent!

Hélas! la pauvre maman, qui venait de perdre son mari, pleurait de son chagrin, et aussi parce qu'elle ne pouvait, malgré son travail, parvenir à payer les dettes qu'il avait fallu contracter pendant la maladie du père. C'est ce que l'enfant expliqua avec bien des sanglots; on voyait que c'était la tristesse de sa mère qui faisait couler ses larmes bien plus que la misère.

Vous pensez bien qu'on alla chercher non seulement le cri-cri qu'il désirait tant, mais encore deux ou trois autres, que la boulangère mit dans une boîte. Il s'en alla tout heureux.

— Pauvre petit ! s'écria la boulangère, et nous avions comme elle les larmes aux yeux.

Mon ami, qui était heureusement plus riche que moi, tira tout l'argent qu'il avait dans ses poches, paya le compte de la pauvre femme, et, la note acquittée, il y joignit une petite somme avec un billet où l'on disait à la pauvre mère qu'elle avait un enfant qui ferait un jour sa consolation et sa joie. Le tout fut porté par un garçon boulanger auquel on recommanda d'aller vite, et qui arriva avant le petit garçon, si bien que, lorsque le cher petit rentra à son tour, il vit, pour la première fois depuis longtemps, un bon sourire sur le visage de sa mère.

Il crut donc que c'était l'arrivée de ses cri-cris qui avait produit ce miracle, et il se jeta tout joyeux dans les bras de la pauvre femme.

Il apportait mieux, n'est-ce pas? que ses petites bêtes noires; c'était son bon cœur et son amour pour sa mère qui étaient le vrai porte-bonheur de la maison.

CINQUIÈME LEÇON

Il faut obéir à son père et à sa mère. — Il faut obéir par amour. — Désobéir, c'est prouver qu'on n'aime pas ses parents.

1. Supposez que vous ayez un petit camarade qui vous dise sans cesse qu'il vous aime bien,

mais qui fasse constamment le contraire de ce qui vous fait plaisir, trouveriez-vous son amitié bien sincère ?

Non, n'est-ce pas? vous lui diriez: « Parle-moi un peu moins de ton amitié, et prouve-la moi un peu plus ! »

2. Eh bien, mes amis, l'enfant qui désobéit à son père ou à sa mère, fait comme ce petit camarade. Sa bouche dit à ses parents qu'il les aime; sa conduite dit qu'il ne les aime pas.

Quand vos parents vous commandent ou vous défendent quelque chose, c'est comme s'ils vous disaient : Mon enfant, si tu fais ce que nous te commandons, tu nous feras plaisir; si tu ne le fais pas, ou si tu fais ce que nous te défendons, tu nous feras de la peine.

Désobéir à ses parents, c'est donc **refuser de leur faire plaisir, et vouloir leur faire de la peine.** Que feriez-vous de plus si vous ne les aimiez pas ?

3. — Mais, monsieur, pour obéir, il faut souvent faire ce qui ne nous plait pas, ou nous priver de ce qui nous plait : il faut travailler, par exemple, quand nous aurions envie de jouer; il faut se lever le matin, quand il fait encore si bon dormir. C'est là ce qui est difficile et ennuyeux, et qui fait qu'on n'obéit pas toujours quand on le voudrait.

— Eh ! sans doute, mon enfant, l'*obéissance n'est pas toujours agréable, puisqu'elle consiste à soumettre notre volonté à la volonté de ceux qui ont le droit de nous commander*. Mais c'est précisément pour cela qu'il y a du mérite à obéir, et c'est en faisant à leurs parents le sacrifice de leurs désirs ou de leurs petites faiblesses, que les enfants montrent qu'ils les aiment.

L'obéissance, c'est l'amour en action, l'amour qui se prouve par l'effort et le sacrifice.

4. Quand donc, entraînés par la légèreté de votre âge, vous êtes sur le point de désobéir, arrêtez-vous un instant et dites-vous : « Je vais faire de la peine à papa et à maman ! » je suis sûr que vous ne désobéirez pas.

Quel est celui d'entre vous qui, voyant sa mère attristée et les larmes aux yeux, parce qu'il a désobéi, ne se jetterait pas dans ses bras pour lui demander pardon, et tâcher de ramener la joie dans son cœur et sur son visage ?

Eh bien, chaque fois que vous aurez envie de désobéir, faites comme si votre mère était réellement devant vous, et cherchez dans votre amour pour elle la force de résister à votre mauvais désir.

Si vous ne le faites pas, vous rendrez à vos parents le mal pour le bien que vous recevez d'eux.

L'enfant désobéissant est toujours un

ingrat, et l'ingratitude est le fait de ceux qui n'ont pas de cœur.

QUESTIONNAIRE.

A qui ressemble l'enfant qui n'obéit pas à ses parents? — Qu'est-ce que désobéir? — Pourquoi l'obéissance est-elle parfois difficile? — En quoi consiste le mérite de l'obéissance? — Que faut-il faire pour éviter de désobéir? — L'enfant désobéissant n'est-il pas un ingrat?

SIXIÈME LEÇON

Il faut obéir par prudence.

1. — Charles, mon enfant, c'est aujourd'hui jeudi, je te permets d'aller te promener avec tes camarades; mais ne va pas dans la vieille carrière qui est auprès du bois; je te le défends; tu pourrais tomber des rochers et te blesser.

Ainsi parlait M. D... à son fils Charles, âgé de huit ans.

Deux heures après, on rapportait Charles chez lui, sanglant, meurtri, inanimé. Il avait désobéi. Il était allé dans la carrière, et avait fait une chute si malheureuse, qu'il s'était grièvement blessé à la tête et aux genoux.

Il lui fallut garder le lit pendant deux mois,

et on craignit longtemps de le voir rester boiteux toute sa vie.

2. Cette histoire, mes enfants, vous la connaissez tous, car c'est un peu la vôtre. Les suites de vos désobéissances ne sont pas toujours, heureusement, aussi terribles; mais que de fois pourtant n'avez-vous pas eu la preuve que la désobéissance se punit elle-même par les maux qu'elle attire?

Voilà Jules qui a failli gagner une fluxion de poitrine, et qui a été malade pendant plusieurs jours, pour avoir, malgré la défense de ses parents, bu de l'eau froide, quand il avait bien chaud. Et justement je vois là-bas Louis qui cache sa main gauche entortillée dans un linge; que lui est-il donc arrivé?

— Monsieur, papa m'avait défendu de me servir de sa scie, et hier, comme il n'était pas à la maison, j'ai voulu scier un bout de bois.

— Et tu t'es scié un doigt ! encore la suite de la désobéissance.

3. Croyez-vous donc, mes enfants, que ce soit pour vous contrarier, pour vous gêner, que vos parents vous font tant de recommandations, vous défendent tant de choses?

Ne voyez-vous pas, au contraire, que c'est une preuve de plus de leur amour? *Si vos parents ne vous aimaient pas tant, ils ne se tourmenteraient pas ainsi à vous surveiller et à vous corriger.*

Ils ont ce que vous n'avez pas encore : *la raison et l'expérience.* Ils connaissent les dangers proches ou lointains que vous ne soupçonnez même pas.

Ils voient les conséquences de toutes vos actions, que vous ne pouvez pas comprendre, et celles de tous vos défauts, qui sont plus graves encore, et dont, la plupart du temps, vous ne vous doutez même pas.

Ils cherchent à combattre en vous ces défauts dont nos leçons vous feront bientôt voir la laideur, à développer les qualités sans lesquelles vous ne seriez jamais bons, ni utiles, soit à vos semblables, soit à vous-mêmes.

4. Votre volonté, mes enfants, est comme ces jeunes arbrisseaux que vous voyez souvent dans les jardins : ils sont destinés à devenir de grands arbres qui se tiendront un jour droits et fermes ; mais, en attendant, ils sont si faibles que, livrés à eux-mêmes, ils ramperaient à terre ou seraient brisés par le vent ; c'est pourquoi on les attache à un tuteur, qui leur communique la force qu'ils n'ont pas encore par eux-mêmes, et les préserve des accidents.

Eh bien, les recommandations, les ordres, les défenses de vos parents, les punitions qu'il leur faut quelquefois vous infliger, et aussi les récompenses qu'ils sont si heureux de vous voir mériter, font auprès de vous le même office que ces tuteurs. Ils vous empêchent de céder à votre étourderie, à votre présomption, à vos désirs souvent imprudents. Ils vous contraignent à être sages et prudents, afin que vous en preniez l'habitude, et que, plus tard, il vous soit moins difficile d'être sages et prudents par votre propre volonté.

Vous êtes peut-être tentés d'en vouloir quelquefois à vos parents de leur vigilance, de leur sévérité; vous verrez plus tard combien vous leur en aurez de reconnaissance.

QUESTIONNAIRE.

Quelles sont les suites ordinaires de la désobéissance? — Pourquoi les parents se donnent-ils tant de peine pour surveiller et corriger leurs enfants? Qu'ont-ils, et que manque-t-il aux enfants? — Que prévoient-ils que les enfants ne peuvent prévoir? — A quoi ressemble la volonté des enfants? — A quoi servent les ordres et les défenses, les punitions et les récompenses des parents?

SEPTIÈME LEÇON

Il faut obéir par devoir.

1. Mes enfants, c'est pour votre bien, vous le voyez, que vos parents vous commandent, et votre amour pour eux doit vous rendre l'obéissance facile et douce.

2. Mais **l'obéissance est avant tout un devoir, et le premier, le plus sacré des devoirs.** Votre père et votre mère ont sur vous une autorité à laquelle vous devez vous soumettre, et cette autorité, il faut bien que vous le sachiez, la loi même la reconnait, elle est inscrite en tête du code.

Et non seulement le *code place l'enfant mineur, jusqu'à l'âge de 21 ans, sous l'autorité paternelle*, déclare qu'il doit obéissance à ses parents, et qu'il ne peut quitter leur maison sans leur permission; mais si un enfant, par sa mauvaise conduite, donne à ses parents des sujets de mécontentement graves, *ils peuvent le faire enfermer dans une maison de correction*. Jusqu'à l'âge de seize ans, un ordre du père de famille suffit pour faire mettre un enfant en prison pendant un mois. Je pense bien, mes amis, que jamais aucun de vous ne mettra ses parents dans une aussi cruelle nécessité. Le père qui serait obligé de recourir à ce terrible pouvoir que lui donne la loi, serait encore mille fois plus malheureux que son enfant.

3. Mais ces sévères prescriptions de la loi vous montrent bien qu'en obéissant à vos parents, c'est un devoir que vous remplissez, un devoir auquel il ne vous est pas permis de manquer.

La loi, vous le savez, **n'est que l'expression de la justice, et ce qui est juste est commandé par la conscience avant d'être commandé par le code. L'obéissance est une dette que vous avez contractée envers vos parents, et il faut que vous l'acquittiez avec reconnaissance et amour.**

4. Croyez-vous d'ailleurs, mes enfants, qu'il n'y a que vous qui ayez à obéir? Est-ce que dans toute condition, dans tout métier, il n'y a pas des chefs auxquels il faut obéir? Le soldat obéit aux officiers, les officiers au colonel, le colonel au général, et le général au ministre de la guerre. L'ouvrier obéit au

contremaître, le contremaître au patron. Puis, tous les citoyens, quels qu'ils soient, obéissent à la loi. Il faut donc toujours obéir en ce monde, c'est-à-dire soumettre sa volonté à la volonté d'autres hommes. Il faut obéir à la loi qui impose à tous le respect de la justice. Il faut obéir à la voix intérieure, au juge que vous portez en vous-mêmes, à la conscience.

Dites-vous bien que de tous les commandements auxquels vous aurez à vous soumettre, ceux de vos parents sont encore les plus doux, puisqu'ils leur sont inspirés par leur amour pour vous, et que votre amour pour eux vous en facilite l'accomplissement. Dites-vous qu'en obéissant à vos parents, vous prenez l'habitude d'obéir à la justice et aux règles de la prudence, et que vous vous préparez à être de bons citoyens.

L'enfant obéissant seul deviendra un honnête homme.

Questionnaire.

Quel est le premier devoir des enfants envers leurs parents? — Quels droits le code donne-t-il aux parents sur leurs enfants? — Que prouve la sévérité des prescriptions de la loi? — Que commande la conscience? — N'y a-t-il que les enfants qui doivent obéir? — Quelles habitudes devrez-vous à l'obéissance?

HUITIÈME LEÇON

Il faut être reconnaissant envers ses parents.

1. J'ai connu, mes enfants, un pauvre petit garçon de huit ans qui, ayant perdu son père et sa mère,

vivait chez des parents éloignés, qui le maltraitaient à tout propos et le nourrissaient à peine. Un jour, en allant chercher du bois dans la forêt, il fut trempé par une pluie battante, qui gâta ses pauvres vêtements ; on le mit à la porte en lui refusant même un morceau de pain. Sa marraine, qui n'était pourtant pas sa parente, eut pitié de lui et, quoique fort pauvre elle-même, le recueillit. Elle était charitable et si bonne, qu'en voyant ce petit orphelin si malheureux, elle ne put s'empêcher de verser des larmes. Ces larmes touchèrent le brave enfant plus que tout le reste, et il en conserva un ineffaçable souvenir.

2. Il n'y avait pas alors d'école pour tout le monde, comme aujourd'hui, et le pauvre orphelin apprit à peine à lire et à écrire ; aussi, quand le temps vint pour lui d'être soldat, il ne put obtenir, malgré sa bonne conduite, que les galons de caporal. Mais son service expiré, en se rengageant, il allait toucher une prime de six cents francs. Sa marraine était devenue vieille, et ne pouvait presque plus travailler pour gagner sa vie. Il n'hésita pas, il signa son rengagement pour trois ans, et vous devinez ce qu'il fit de sa prime... Il alla la remettre tout entière à la pauvre femme en lui disant :

— *Quand j'étais petit et malheureux, vous avez eu pitié de moi, c'est à moi maintenant de vous venir en aide.*

3. Voilà un beau trait, n'est-ce pas? mes enfants, et qui prouve que le caporal était un homme de cœur. Eh bien, ce que sa marraine avait fait pour lui, vos parents le font pour vous. Ne voudrez-vous pas aussi leur témoigner votre reconnaissance? Assurément, vous ne pouvez pas, à votre âge, leur venir en aide; mais la reconnaissance ne se prouve pas seulement par des dons. Par votre docilité, par votre complaisance, vous pouvez alléger leur tâche; vous pouvez rendre bien des services à votre mère et éviter bien des dépenses inutiles par le soin que vous prenez de vos vêtements, de vos livres et de toutes vos affaires. Et que de prévenances, que d'attentions qui ne coûtent que la peine d'y penser, et qui font tant de plaisir à un père, à une mère, parce qu'ils y voient le bon cœur de leur enfant!

4. Et puis, vous avez le grand, le principal moyen de contenter vos parents : l'application au travail! Quand je peux dire de l'un de vous à vos parents : je suis bien content de Charles, ou de François, ou de Louis, croyez-vous que la joie qu'ils en éprouvent ne leur fait pas trouver bien légères les peines et les veilles que vous leur avez coûtées?

5. N'est-ce pas d'ailleurs par le travail que vous vous préparez à leur venir en aide quand vous serez grands et qu'ils ne pourront plus travailler? Si vous pensez quelquefois, et le plus souvent possible, que votre travail d'enfant doit servir plus tard à assu-

rer le bien-être de vos vieux parents, vos efforts, mes amis, ne pourront manquer d'être couronnés de succès. Et vos parents, qui liront dans votre cœur, vous devront, dès maintenant, la plus douce des satisfactions.

Lorsqu'un père et une mère peuvent se dire : nous avons un bon fils ! ils ne demandent pas un autre prix de leurs soins et de leurs sacrifices; ils ont reçu la plus belle et la plus précieuse des récompenses.

QUESTIONNAIRE.

Comment le petit garçon abandonné montra-t-il sa reconnaissance à sa marraine qui l'avait recueilli ? — Comment les enfants peuvent-ils prouver leur reconnaissance à leurs parents ? — Le travail des enfants n'est-il pas un des meilleurs moyens de témoigner leur reconnaissance ? — Quelles sont les récompenses qui réjouissent le plus les parents ?

NEUVIÈME LEÇON

Il ne faut rien cacher à ses parents.

1. Et maintenant, mes enfants, que vous comprenez mieux, je l'espère, tous vos devoirs envers vos parents et, par suite, la grandeur de ces devoirs, écoutez encore un conseil qui vous aidera, j'en suis sûr, à les mettre mieux en pratique, et qui vous garantira contre bien des faiblesses et bien des fautes : **Soyez toujours sincères avec vos parents; ne leur cachez jamais rien.**

Mentir est toujours une chose honteuse, mais mentir à son père et à sa mère, ne

peut être que le fait d'un enfant dénaturé, sans courage et sans cœur.

Gardez-vous même de ce silence, qui est encore un mensonge, vis-à-vis de ceux à qui on doit tout confier et qui ont le droit de tout savoir!

2. Vous ne pouvez être parfaits, mes enfants, et malgré toutes vos bonnes résolutions, vous vous laissez souvent entraîner, par légèreté, par étourderie; ou encore vous ne savez pas résister à l'ardeur de vos désirs. Eh bien, quand ce malheur vous arrivera, quand vous aurez désobéi, quand vous aurez négligé vos devoirs ou vos leçons, quand vous aurez été dissipés ou paresseux, n'attendez pas que vos parents en soient informés par d'autres; ne vous arrêtez pas même à cette idée que peut-être ils ne le sauront pas, et qu'ainsi, en vous évitant une punition à vous-mêmes, vous leur éviterez une peine.

3. Allez vous jeter dans leurs bras et avouez-leur votre faute; cela n'empêchera pas votre père de vous gronder et de vous punir, et vous verrez peut-être des larmes dans les yeux de votre mère. Si vous étiez sûrs d'être pardonnés tout de suite, votre aveu n'aurait plus de mérite, et on pourrait

l'attribuer à un secret calcul plutôt qu'au courage et au repentir. Soyez certains pourtant que la sincérité de votre aveu adoucira la peine de vos parents; vous vous sentirez soulagés vous-mêmes. Vous aurez rompu la chaîne qui vous attachait à votre faute, vous serez plus forts contre le retour des mêmes tentations; car, dans la résistance que vous êtes décidés à leur opposer, vous aurez votre père et votre mère pour alliés. Surtout, mes amis, vous aurez échappé à ce terrible engrenage qui, pour cacher une première faute, pousse si souvent et les enfants et les hommes à multiplier les fautes nouvelles; vous vous serez soustraits à la fatale habitude du mensonge et de la dissimulation qui empoisonnerait toute votre existence.

4. Ayez donc confiance dans vos parents, mes enfants; dites-leur non seulement vos fautes, petites ou grosses, mais vos impressions, vos idées, vos projets; recherchez leurs conseils; **ayez pour règle absolue de ne rien faire sans avoir consulté vos parents.** A votre confiance répondra la leur, et ils seront heureux de se donner à des enfants qu'ils aiment plus qu'eux-mêmes; et ainsi, à toutes les raisons que vous avez déjà d'être obéissants, se joindra comme un *engagement d'honneur de ne jamais abuser de la confiance mise en vous.*

QUESTIONNAIRE.

Pourquoi faut-il être sincères avec nos parents et ne leur rien cacher? — Quand et comment faut-il avouer sa faute? — Quels sont les bons résultats de la sincérité? — Quelle est la règle que doivent suivre les enfants avant toute action et tout projet?

DIXIÈME LEÇON

Il faut être un bon petit-fils.

1. Quelques-uns d'entre vous, mes enfants, ont le bonheur d'avoir conservé leurs grands-parents ; je ne vous demande pas si vous les aimez : le grand-papa et la grand'maman ont en général un faible pour leurs petits-enfants ; on dit même que parfois ils les gâtent un peu ; et les enfants, même les meilleurs, aiment beaucoup les personnes qui les gâtent. Mais le bon papa et la bonne maman sont âgés, parfois infirmes ; ils ont des rhumatismes qui les font constamment souffrir ; leurs yeux et leurs oreilles ne sont plus aussi bons qu'autrefois. Il faut avoir pour eux d'autant plus de respect et d'égards. Il ne faut pas faire trop de bruit ni trop s'agiter autour d'eux ; les vieillards ont besoin de calme et de repos. Il ne leur est pas facile comme à vous de se lever, de se baisser, d'aller chercher les objets dont ils ont besoin ; il faut que leurs petits-enfants, quand ils sont auprès d'eux, leur épargnent ces peines par leurs prévenances. Si le journal que lit le

grand-père tombe de ses mains mal assurées, si les lunettes de la grand'mère glissent au moment où elle les tire de son étui, il faut bien vite les ramasser et les remettre aux bons vieillards avec tendresse et respect. Parfois même votre petite épaule pourra leur fournir un appui d'un moment, et ils seront tout heureux de vous appeler leur bâton de vieillesse. Il faudra éviter avec eux la brusquerie, calmer un peu votre vivacité habituelle. Mais surtout, mes enfants, ne vous laissez jamais aller, comme cela arrive malheureusement quelquefois, à vous moquer de leur grand âge ou de leurs infirmités, à imiter, quand ils ont le dos tourné, leur démarche chancelante, leur attitude courbée, leurs mains tremblantes. Ce serait manquer au respect que tout le monde doit aux vieillards.

2. Je vous ai déjà dit, dans la leçon d'histoire, combien les anciens honoraient les vieillards : à Athènes, à Rome, quand un vieillard paraissait dans une assemblée, tout le monde se levait en se découvrant pour lui rendre honneur. Si, par malheur, quelqu'un s'avisait de leur manquer de respect, il était immédiatement déféré aux tribunaux. Nous aussi, mes amis, non moins que les anciens, dont les mœurs n'étaient pas aussi policées que les nôtres, nous devons respecter dans les vieillards les labeurs et les efforts d'une longue carrière, une grande expérience de la vie, les services qu'ils ont rendus.

3. Mais vos grands-parents, mes enfants, qu'est-ce donc qui a courbé leur dos, ralenti leur démarche?

Ce sont les peines qu'ils se sont données, leur vie durant, pour élever votre père et votre mère, pour assurer leur subsistance, leur instruction, pour leur permettre de vous élever à votre tour. Leurs infirmités sont le prix que leur ont coûté leurs bienfaits. Songez, mes amis, qu'ils ont eu auprès d'eux votre père et votre mère petits comme vous l'êtes aujourd'hui, réclamant les mêmes soins, leur donnant les mêmes soucis.

Vous trouverez alors tout naturels et bien doux les égards, les prévenances et l'amour que vous leur devez.

4. Enfin, mes amis, vous avez encore d'autres parents : des oncles, des tantes ; aimez-les, respectez-les comme il convient d'aimer et de respecter les frères et les sœurs de votre père et de votre mère ; traitez leurs enfants, vos cousins, comme des frères.

Il n'y a pas de bonheur plus grand en ce monde que celui d'une famille unie.

QUESTIONNAIRE.

Quels sont les devoirs des enfants envers leurs grands-parents? — Pourquoi les grands-parents ont-ils particulièrement droit au respect de leurs petits-enfants ? à leurs prévenances et à leurs attentions ? — Pourquoi est-ce une faute honteuse de se moquer d'eux ? — Comment les anciens honoraient-ils les vieillards? — Qu'ont fait nos grands-parents pour notre père et notre mère? — Quels sont les devoirs des enfants envers les autres membres de la famille?

CHAPITRE III

IL FAUT ÊTRE UN BON FRÈRE

ONZIÈME LEÇON

Il faut être un bon frère. — Les frères et les sœurs doivent s'entr'aimer.

1. On demandait à un Romain célèbre par sa sagesse, Caton d'Utique, quel était son meilleur ami :

— Mon frère.

— Mais après ?

— Mon frère.

— Et ensuite?

— Encore mon frère.

Voilà, mes enfants, un mot qui suffirait à vous faire comprendre combien sont heureux ceux d'entre vous qui ont des frères et des sœurs. Mais votre cœur, j'en suis sûr, vous le dit encore mieux. Si l'on annonçait à Paul ou à Louis qu'on va emmener loin d'eux leur petit frère François ou leur petite sœur Julie, ils auraient le cœur bien gros, et ne pourraient pas retenir leurs larmes. Il leur semblerait que c'est la joie de la maison qui va s'en aller avec ces chers enfants. Et quelle joie, en effet, d'être ensemble plusieurs frères et sœurs, grandissant sous le même toit, compagnons de travail et de jeux, ayant et mettant tout en commun! Comme les plaisirs sont plus vifs quand on les partage avec un frère! les privations ou les peines plus légères!

2. *Portant le même nom, nés des mêmes parents, également aimés d'eux, et les aimant également,* **deux frères sont comme la même âme dans deux corps différents;** les étrangers les confondent parfois, tant ils se ressemblent. Comment ne s'aimeraient-ils pas? *En s'aimant, c'est encore leur père et leur mère qu'ils aiment.*

3. Il en est de l'amour fraternel comme de l'amour filial, mes enfants. La nature le grave dans votre cœur, et vous en fait un besoin; mais la conscience vous le commande aussi comme un devoir; et ce devoir, comme tous les devoirs, a ses exigences et ses difficultés. Quand on s'aime bien, on doit se le prouver par ses actes : **pour être toujours d'accord, il faut se faire mutuellement de petits sacrifices.**

4. Je vois là-bas Paul qui baisse la tête; il se souvient de ce que m'a raconté l'autre jour sa mère, qui avait à ce moment-là bien du chagrin.

Figurez-vous que Paul avait battu son petit frère François, qu'il aime pourtant bien, et cela parce que François lui avait pris un porte-plume neuf et ne voulait pas le lui rendre.

Oh! je sais bien que Paul s'en est repenti, et qu'il en est encore tout honteux aujourd'hui. J'ai même remarqué que, depuis ce temps-là, il est beaucoup plus patient avec son frère, et en prend le plus grand soin.

Quand ils viennent ensemble à l'école, c'est Paul qui porte tous les livres pour que François ne se fatigue pas; et si le petit bonhomme reste en arrière, Paul l'appelle pour qu'il ne se mette pas en retard, et l'attend pour qu'il ne prenne pas chaud en courant trop fort.

5. Sans doute, il n'est pas possible que des frères n'aient pas, de temps en temps, quelques disputes et quelques brouilles, comme cela arrive entre camarades. C'est la légèreté et la vivacité de l'enfance qui le veulent. Mais ces petits désaccords ne sont pardonnables que s'ils ne durent pas, et s'ils ne sont pas causés par de mauvais sentiments.

6. Il y a trois choses, mes enfants, que les frères et les sœurs doivent éviter à tout prix, parce qu'elles détruiraient bien vite entre eux la bonne harmonie : **il ne faut pas être taquin, il ne faut pas être jaloux, il ne faut pas abuser de sa force.** On se taquine d'abord en riant, puis, pour un mot qui déplaît, on se fâche; et voilà des frères qui se boudent, qui s'évitent, qui ont l'air

de se haïr ; on se demande si ce sont bien encore des frères.

Et la jalousie, mes amis, combien elle nous rend malheureux et injustes! Que de familles elle a désunies! Que de frères elle a brouillés à tout jamais! Gardez-vous en comme de la peste!

N'ayez pas non plus la main trop leste! Dans un moment d'impatience, un coup est vite donné; combien on le regrette ensuite! Mais **l'enfant qui se fait une habitude de frapper ses frères plus jeunes et plus faibles que lui, ne mérite plus le nom de frère** : c'est un petit despote que tout le monde craint et déteste.

7. Si vous avez le bonheur d'avoir de petites sœurs, mes enfants, aimez-les encore davantage, si c'est possible, elles ont besoin de plus de prévenances et de plus d'égards. Les petits garçons sont en général trop disposés à dédaigner les petites filles, ou à se moquer d'elles. Ne suivez jamais ce mauvais exemple! Songez que votre mère, que vous aimez tant, a été autrefois une petite fille! Si l'on vous disait qu'elle a eu alors un frère qui la taquinait, qui la tourmentait, qui la battait, vous seriez bien en colère, rien qu'à cette pensée!

Faites pour votre sœur ce que vous voudriez qu'on eût fait pour votre mère, quand elle était petite fille.

QUESTIONNAIRE.

Que répondit Caton au sujet de son frère? — Quelles raisons les frères et les sœurs ont-ils de s'aimer? — Quels sont les devoirs qu'impose cet amour? — Qu'est-ce que les frères doivent surtout éviter dans leurs rapports avec leurs sœurs? — Comment les frères doivent-ils traiter leurs sœurs?

DOUZIÈME LEÇON

Les frères et les sœurs doivent s'entr'aider.

1. Mes enfants, j'ai été bien content hier : j'étais allé chez votre camarade Lucien, du cours supérieur, pour voir son père qui est malade depuis quelque temps; j'ai trouvé Lucien assis auprès de son petit frère Jules, et l'aidant à faire son devoir; le pauvre Jules avait bien de la peine. Comme il est un peu étourdi, il n'avait pas bien retenu, ni peut-être bien compris sa leçon d'arithmétique, et il ne savait comment s'y prendre pour faire l'addition et la soustraction que je lui avais données. Il fallait voir comme Lucien lui expliquait tout doucement pourquoi il s'était trompé, et lui montrait comment il fallait disposer ses chiffres! On aurait dit un petit professeur! Aussi Jules, le devoir fini, lui a sauté au cou et l'a embrassé : il le méritait bien.

2. Voilà, mes enfants, comment des frères doivent s'entr'aider. Quand on s'aime bien entre frères, il n'y a pas que les plaisirs et les jeux qu'on soit heureux de partager. C'est par l'aide qu'on se prête dans les difficultés, et par les soins de toutes sortes, que se prouve la véritable affection.

Et il n'est pas nécessaire d'être aussi grand que Lucien, d'avoir douze ans, pour aider son frère. L'autre jour, au moment du goûter, votre camarade Henri n'a pas trouvé dans son petit panier la pomme que sa mère lui avait donnée; il l'avait sans doute perdue en route; son petit frère Ernest, lui ayant vu faire la grimace en retirant du panier son pain sec, a bien vite partagé la sienne, et est venu lui en donner la moitié; voilà encore un bon frère et qui a bien compris, qu'entre frères, tout doit être en commun. Je suis sûr qu'à l'occasion Henri lui revaudra son bon mouvement

3. Donner à un frère un peu de son temps et de son savoir, partager avec lui son goûter, ce ne sont pas, sans doute, mes enfants, de bien grands sacrifices; mais ces petits sacrifices-là, quand ils se répètent souvent, font que les bons frères s'aiment toujours mieux, et sont plus disposés à se rendre mutuellement service.

Ce sont ces petits sacrifices qui préparent aux plus grands : **quand on donne la moitié de son goûter à son frère, lorsqu'on est petit, on sera capable plus tard, quand on sera grand, de partager son avoir avec lui,** ou de donner tout ce qu'on possède pour payer ses dettes, comme a fait le père Guichard.

C'est ainsi, quand on s'est fait une habitude *de penser à son frère et à sa sœur autant qu'à soi-*

même, qu'on devient capable de ces beaux dévouements que tout le monde admire, et que l'on ne rencontre pas, croyez-le, que dans les livres.

4. J'ai connu un petit garçon de huit ans, pas plus grand et pas plus fort que vous, mes enfants, qui a sauvé, au péril de sa vie, son petit frère âgé de deux ans, qui allait être écrasé par une lourde voiture dont les chevaux s'étaient emportés. Le pauvre bébé s'amusait sur la route, très étroite et fort en pente en cet endroit. Quand il entendit le bruit de la lourde machine, il voulut se sauver; mais ses petites jambes s'embarrassèrent, et il tomba en poussant des cris d'effroi. Le frère, qui était seul à la maison, entend le bruit et les cris; il se précipite, voit l'horrible situation et la juge avec autant de sang-froid que de courage; encore quelques secondes, et le pauvre petit va être broyé; il n'y a qu'un moyen de le sauver, c'est de le placer derrière une borne qui déborde un peu contre le mur à cet endroit, et peut le protéger contre l'effroyable choc. Plus prompt que la pensée, l'intrépide enfant se jette sur son petit frère, le pousse contre la borne, et, se retournant contre le mur, le couvre de son corps. La voiture passa, et le bébé fut sauvé; mais un ballot, qui se trouvait à l'arrière de la voiture, et que les secousses avaient fait sortir de sa place, renversa si violemment notre petit héros, que sa tête ayant porté sur les pavés, il se fit une blessure et resta évanoui. Quand on l'eut fait revenir à lui, ses premiers mots furent pour le petit frère; on le lui montra frais et dispos et déjà tout remis de sa frayeur; et comme on lui demandait s'il souf-

frait de sa blessure : « Puisque Jules est sauvé, dit-il, tout va bien. »

QUESTIONNAIRE.

Racontez l'histoire de Lucien et de Jules — celle d'Henri et d'Ernest. — Comment les frères peuvent-ils s'entr'aider ? — Quelles sont les conséquences des petits sacrifices que se font les frères ? — Racontez le dévouement du petit garçon qui sauva son frère.

TREIZIÈME LEÇON

Il faut donner le bon exemple.

1. Plus tard, mes amis, quand vous serez au cours supérieur, je vous parlerai des devoirs des aînés envers leurs frères plus jeunes. Autrefois, avant la Révolution de 1789, l'aîné de chaque famille avait toutes sortes de privilèges; l'héritage était tout entier pour lui ; les fils cadets et les filles n'avaient presque rien.

Aujourd'hui tous les enfants sont égaux, et les parents leur font à tous la même part de leur avoir comme de leur amour.

2. Cependant les *aînés sont toujours les premiers de la famille* ; venus au monde plus tôt, ils sont grands avant les autres et capables, par suite, d'aider le père et la mère à élever les plus petits, de les diriger, de les protéger.

Si le malheur vient frapper la famille et lui enlever ses chefs, ce sont les aînés qui les remplacent, et vous verrez, mes enfants, quels beaux exemples de dévouement beaucoup d'aînés, frères ou sœurs, ont donnés en pareil cas.

3. **Au lieu d'avoir plus d'avantages, comme autrefois, les aînés ont plus de devoirs**, et ils ne s'en plaignent pas. Mais vous, mes petits amis, vous devez leur rendre plus facile l'accomplissement de ces devoirs par votre affection et votre docilité. **Un frère ou une sœur qui aident leurs parents à élever leurs petits frères, deviennent pour eux comme un second père et une seconde mère, et il faut, comme tels, les aimer et leur obéir.**

4. C'est à eux surtout de donner le bon exemple, d'encourager leurs petits frères à imiter leur obéissance, leur respect pour les parents, leur application au travail. Mais il n'est pas nécessaire d'être l'aîné et d'être un grand garçon pour donner le bon exemple. **Du moment où il y a plusieurs frères ou sœurs dans une famille, ils doivent s'encourager mutuellement à être bons, obéissants, laborieux.**

Si vous êtes désobéissants, dissipés, paresseux; si vous répondez mal à votre père ou à votre mère, comment voulez-vous que vos petits frères et vos petites sœurs ne fassent pas comme vous? Chacune de vos fautes les excite à des fautes semblables, et toute la maison est troublée par votre mauvais exemple. Que de peines et de tourments pour les parents!

5. Au contraire, *il arrive parfois que le bon exemple d'un plus petit agit sur ses grands frères et les rend meilleurs.* Vous connaissez le grand Julien qui est maintenant apprenti chez M. D., le mécanicien. Dans ses premières années d'école, on ne pouvait rien en faire; devoirs mal soignés, leçons mal sues, cahiers tachés, livres déchirés, c'était passé chez lui en habitude; je plaignais fort son père qui se désolait. Eh bien, quand il vit que son jeune frère Alfred, dès son entrée à l'école, se montrait un élève bien studieux, bien attentif, bien soigneux, Julien commença à rougir d'avoir, lui l'aîné, de moins bonnes notes que son cadet; joignez à cela la gentillesse d'Alfred, qui ne se vantait jamais de son travail et de ses progrès, et qui cherchait toujours à excuser son frère, au lieu de le faire gronder. En quelques semaines Julien a complètement changé, et il s'est si bien mis à travailler, qu'au bout d'un an, il était parmi les bons élèves de la classe, et qu'il n'a quitté l'école qu'avec son certificat d'études primaires.

QUESTIONNAIRE.

Quelle était autrefois la condition des enfants dans la famille? — Qu'est-elle aujourd'hui? — Quels étaient les privilèges des aînés? Quels sont leurs devoirs? — Les frères et les sœurs plus jeunes n'ont-ils pas des devoirs envers les aînés? — Quelle est l'influence de l'exemple? — Les plus jeunes ne peuvent-ils pas aussi, par leur exemple, agir sur leurs aînés?

CHAPITRE IV

IL FAUT ÊTRE UN BON ÉCOLIER

QUATORZIÈME LEÇON

Il faut être un bon écolier. — Il faut aimer l'école.

1. Onze heures du matin allaient sonner, et on entendait déjà le bruit des pupitres qui se fermaient, et le pas des enfants qui se mettaient en rangs pour la sortie, quand on vit paraître à la porte de l'école le père Christophe.

Le père Christophe était un vieux menuisier que tout le monde dans le village connaissait et estimait pour son amour du travail, sa bonne humeur et sa franchise. Il ne savait pas grand'chose de ce qu'on apprend dans les livres, le père Christophe, par cette simple raison, qu'il ne savait pas lire, ses parents n'ayant pas eu les moyens de lui faire donner la moindre instruction. Mais il avait du bon sens, et en poussant son rabot ou sa scie, il avait réfléchi à beaucoup de choses, et ses idées n'étaient pas du tout celles d'un sot.

Il aimait à venir causer avec l'instituteur qui, de son côté, prenait plaisir à sa conversation pleine de sens et d'expérience. Il s'arrangeait toujours, dans ces occasions, pour arriver à l'heure de la sortie; cela le réjouissait et le rajeunissait, disait-il, de voir toute cette ruche bourdonnante des écoliers qui retournent à la maison, livres et cahiers sous le bras. Chaque fois, il s'émerveillait de voir l'école si propre, si spacieuse, si bien aérée, avec son mobilier neuf, ses cartes et ses tableaux qui égayaient les murs.

Les élèves faisaient cercle autour de lui pour l'écouter : « Voilà des enfants qui sont heureux ! disait-il. Ils ont, certainement, la plus belle maison de la commune! Ils ne doivent pas trouver le temps long au milieu de toutes ces belles choses; tout vieux que je suis, je passerais bien des heures à les regarder.

2. « Ah! s'ils avaient vu la vieille école de mon temps! C'était une chambre étroite, et si sombre, qu'on y voyait à peine clair en plein midi, une vraie prison! Le plafond était si bas, que les enfants de douze ans le touchaient avec la main, et si noir, qu'on aurait cru que tous les charbonniers du pays y avaient fait passer leur fumée. Et au lieu de ces petits pupitres si commodes,

des bancs boiteux qui paraissaient dater de cent ans; en fait de tables pour écrire, on avait ses genoux; une chaise de bois toute disloquée, c'était la chaire du maître! Et quelle odeur! mes amis! il y avait une étable à côté ; on aurait dit qu'on faisait la classe sur un fumier. Et qu'est-ce qu'on y enseignait? à lire, à écrire, et à compter; et encore fallait-il payer pour aller dans ce taudis, de sorte que les familles pauvres ne pouvaient y envoyer leurs enfants; c'est pourquoi il y en a tant comme moi, de cette époque-là, qui ne savent ni lire ni écrire, et qui ne peuvent compter que sur leurs doigts.

« Ah! mes amis, je voudrais vous voir passer seulement deux jours dans la vieille école! Vous seriez bien contents de revenir dans votre belle école neuve, si commode et si claire, où l'on vous apprend tant de belles et bonnes choses; et, pour tout payement, on ne vous demande que de ne pas vous faire tirer l'oreille pour venir en classe.

3. « Malgré mes cheveux blancs, je voudrais bien pouvoir encore y venir; je donnerais bien dix ans de ma vie pour être à votre place, mes enfants. Mais voilà, ma cervelle est trop dure maintenant pour qu'on puisse rien y faire entrer. Et voyez mon ennui : quand je reçois une lettre de mon fils qui est au service, bien loin d'ici, il faut que je vienne la faire lire par M. l'instituteur; si je veux lui donner de mes nouvelles, à ce cher garçon, il faut que j'abuse de la complaisance de ce brave maître pour lui faire écrire une lettre que je ne peux

même pas signer. Ah! mes amis, si vous avez des moments où le travail vous ennuie, pensez un peu au père Christophe, pensez à la vieille école, pensez, qu'une fois l'âge d'apprendre passé, il n'est plus possible de se refaire écolier, quelque envie qu'on en ait! »

Aimez l'école où l'on vous apprend tout ce qui est nécessaire pour devenir des hommes utiles et de bons citoyens.

Quand un enfant aime l'école, on peut être rassuré sur son compte; il a trouvé le vrai moyen d'être heureux, maintenant et plus tard.

QUESTIONNAIRE.

Racontez ce qu'était le père Christophe. — Qu'était l'école autrefois? — Qu'est l'école aujourd'hui? — Quels avantages l'école d'aujourd'hui a-t-elle sur l'école d'autrefois? — Pourquoi faut-il aimer l'école? — Qu'est-ce qu'on y apprend?

QUINZIÈME LEÇON

Il faut être un bon écolier. — Il faut aimer nos maîtres et reconnaître leurs bienfaits.

1. M. Delval, le maire de la commune, avait un neveu qui suivait les cours de l'école : ce n'était pas un méchant enfant, et il était parmi les élèves de force moyenne; mais il avait un grand défaut: parce qu'il était le neveu du maire, il se croyait supérieur aux autres, et s'imaginait qu'il n'était

pas tenu envers le maître aux mêmes devoirs et aux mêmes égards que ses camarades.

Un jour qu'il avait mal su sa leçon, et que le maître l'avait réprimandé sévèrement, il crut n'avoir rien de mieux à faire, pour cacher son humiliation, que de se tourner vers ses camarades en ricanant et en haussant les épaules.

Quand son oncle en fut informé, il se montra fort affligé ; il vint lui-même faire des excuses à l'instituteur, et exigea que son neveu lui exprimât son repentir devant toute la classe.

— Mes enfants, dit-il aux élèves : je suis bien peiné et bien honteux que mon neveu vous ait donné un si mauvais exemple ; j'espère qu'il ne recommencera pas et qu'il fera tout son possible pour réparer sa faute. Sans cela, il prouverait qu'il n'a pas de cœur, et je ne lui pardonnerais jamais.

2. « **Après vos parents**, mes enfants, **il n'est personne que vous deviez aimer et respecter autant que votre maître**; car, après les bienfaits que vous avez reçus de vos parents, il n'en est pas de plus grands que ceux que vous recevez de lui. **Vos parents vous ont donné la vie du corps; votre maître vous donne la vie de l'intelligence.** C'est à lui que vous devez d'être délivrés du plus grand des maux :

l'ignorance. C'est lui qui vous prépare à être utiles à vos semblables et à vous-mêmes, et qui fait vraiment de vous des hommes.

3. « Si quelqu'un venait vous dire : « Mes petits « amis, j'ai un gros trésor, si gros, qu'à moi tout « seul, je n'en pourrais dépenser la moitié; je vais « partager entre vous ce que j'ai de trop »; vous lui feriez grande fête, n'est-ce pas? vous le nommeriez votre bienfaiteur et votre ami, vous appelleriez vos parents pour lui exprimer votre reconnaissance.

« Eh bien, croyez-vous que le savoir n'est pas aussi un trésor, et le plus précieux de tous?

4. « Quand vous serez grands, n'est-ce pas le plus instruit d'entre vous qui aura le meilleur métier et qui gagnera le plus d'argent? Est-ce que son savoir ne se changera pas pour lui en pièces de cinq ou de dix francs tous les jours? Et n'est-ce pas aussi le plus instruit qui pourra rendre le plus de services à ses concitoyens et à la patrie? qui sera le plus estimé? le plus honoré?

5. « Ce trésor-là, pourtant, tous les jours votre maître vous le partage; et il ne lui suffit pas, comme au riche de tout à l'heure, de vous en mettre une part dans la main; vous savez quelles peines il se donne pour le faire pénétrer dans vos jeunes têtes. Pendant tout le temps de la classe, il est là, l'esprit tendu, pour vous expliquer clairement ce que vous devez apprendre, pour s'assurer que vous l'avez compris, et que vous l'avez retenu. Quand vous avez quitté l'école, il y reste pour corriger vos devoirs, pour préparer les leçons du lende-

main. Et croyez-vous que ce ne soit pas bien fatigant d'être tout le jour avec des petits diables comme vous, de vous surveiller en même temps que de faire la leçon? Quelle patience et quel dévouement ne lui faut-il pas!

6. « Mais ce que vous voyez ici à l'école, mes enfants, ce n'est qu'une petite partie de la peine que le maître s'est donnée pour vous. Depuis l'époque où il avait votre âge, il n'a cessé de travailler pour acquérir les connaissances qu'il vous transmet maintenant, et devenir capable de les enseigner. Il y a employé ses jours et souvent une partie de ses nuits. Les plus grands et les plus instruits d'entre vous s'effraient en pensant qu'il leur faudra passer à la fin de l'année les examens pour le certificat d'études primaires. Combien d'autres examens, cent fois plus difficiles, votre maître a dû passer pour devenir instituteur!

7. « Et c'est vous, mes enfants, qui recueillez les fruits de tous ces labeurs. Comment donc n'aimeriez-vous pas l'homme qui vous fait tant de bien au prix de tant de peines? »

Quelle que soit votre affection pour votre maître, elle ne sera jamais assez grande pour acquitter votre dette de reconnaissance.

QUESTIONNAIRE.

Racontez l'histoire de M. Delval et de son neveu. — Quelles sont les personnes que nous devons le plus aimer et respecter après nos parents? — Que devons-nous à nos maîtres? — La science n'est-elle pas comparable à un trésor? — Quelles peines le maître se donne-t-il pour ses élèves?

SEIZIÈME LEÇON

Il faut respecter le maître et lui obéir.

1. — Et c'est à cet homme-là que tu as manqué de respect! dit M. Delval en se tournant vers son neveu, qui se tenait à côté de lui tout honteux, et les larmes aux yeux. Comprends-tu maintenant toute ton ingratitude, et la laideur de ta conduite? Ne sais-tu donc pas que l'*instituteur représente le père de famille!* Amener son fils à l'école, c'est dire à l'instituteur : Je vous

confie mon enfant pour l'instruire; je vous abandonne, pendant le temps qu'il sera avec vous, tous mes droits et toute mon autorité sur lui; *il vous devra le respect et l'obéissance comme à moi-même.* »

2. « **L'instituteur,** mes enfants, continua M. Delval, **ne représente pas seulement vos parents, il représente encore la patrie, la France;** car c'est le gouvernement qui le nomme et qui le paye, c'est le gouvernement *qui lui donne la mission de faire de vous des hommes utiles et de bons citoyens.* **L'enfant qui ne res-**

pecte pas son maître, qui ne lui obéit pas, n'est *donc* pas un bon petit Français. »

3. « Et comprenez bien, que ce respect et cette obéissance que vous devez à votre instituteur, vous imposent le devoir, non seulement de ne jamais rien faire qui puisse l'offenser ou lui causer de la peine, de vous tenir convenablement en classe, de suivre tous ses ordres, mais encore d'écouter avec soumission ses réprimandes, et d'accepter sans murmure les punitions qu'il peut être dans la nécessité de vous infliger. Vous savez bien d'ailleurs que *ces réprimandes et ces punitions sont pour votre bien.* Le maître ne demanderait pas mieux que de ne jamais punir, et les meilleurs jours pour lui sont ceux où il a le moins de punitions à donner. Mais quand vous n'avez pas fait vos devoirs, ou que vous les avez mal faits, sans application et sans soin; quand vous n'avez pas appris vos leçons, quand vos cahiers ou vos livres sont sales ou déchirés, quand vous troublez la classe par votre bavardage ou votre dissipation, *le maître manquerait à son devoir en ne vous punissant pas*; car, s'il vous laissait faire toutes ces sottises, l'école ne serait plus l'école; vous ne vous y instruiriez pas, et vous empêcheriez les autres élèves de profiter des leçons du maître. L'instituteur n'est donc pas sévère, comme vous le dites, quand il vous réprimande ou vous punit; il est juste et il est bon; il fait son devoir envers vous qui, sans cela, resteriez des ignorants, envers vos parents, envers la patrie.

4. « Et ne vous plaignez pas, mes amis. Les punitions n'ont aujourd'hui rien de bien effrayant : elles

ne ressemblent pas à celles qui étaient autrefois en usage chez nous, et qui sont encore appliquées dans d'autres pays, en Angleterre par exemple. Il y a cent ans, on donnait le fouet aux écoliers et on leur frappait les mains ou le dos avec une grande latte. C'était une humiliation qui ôtait aux enfants le respect d'eux-mêmes; et les coups donnés trop fort pouvaient les estropier. Aujourd'hui on se contente de vous faire recommencer les devoirs mal faits, de vous donner à copier les leçons mal sues, seul moyen de réparer le tort que vous vous faites à vous-mêmes par votre négligence et votre paresse. On vous traite comme de petits hommes, et on a raison; mais *il faut aussi que vous soyez de vrais et de bons petits hommes, sachant aimer votre maître, le respecter et lui obéir.* »

QUESTIONNAIRE.

Pourquoi devons-nous respecter le maître et lui obéir? — Le maître ne représente-t-il pas le père de famille? — N'a-t-il pas reçu une partie de ses droits? — Ne représente-t-il pas aussi la patrie? — Comment devons-nous témoigner au maître notre respect? — Pourquoi le maître punit-il? — Quelles étaient les punitions autrefois? — Quelles sont les punitions aujourd'hui?

DIX-SEPTIÈME LEÇON

Il faut aimer le travail.

1. Voyons, maintenant, mes enfants, quelles sont les raisons que vous avez de bien travailler.

D'abord, vous faites plaisir à votre père et à votre

mère, qui ne sont jamais plus contents que lorsqu'ils voient leurs enfants rapporter à la maison de bonnes notes, et obtenir des prix à la fin de l'année. Vos grands-parents et toute la famille partagent leur joie.

2. Ensuite, vous faites plaisir à votre maître, mes chers amis; car sa plus grande joie et la meilleure récompense de ses peines, c'est de vous voir appliqués et laborieux,

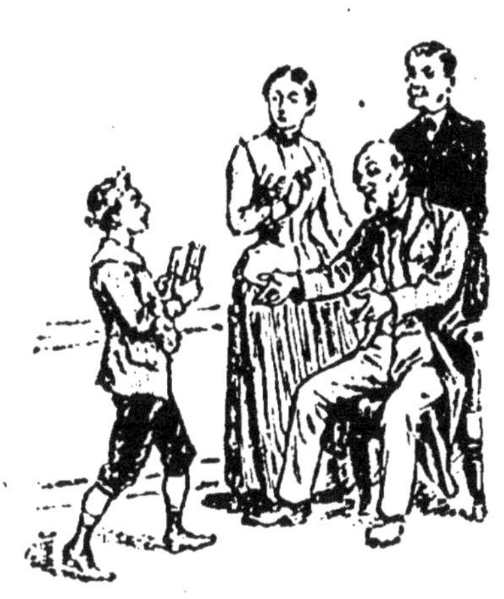

3. Puis, quand vous voyez tout le monde content autour de vous, vous êtes contents vous-mêmes et vous jouissez du plaisir que vous avez causé. Vous sentez aussi que vous êtes en règle avec vous-mêmes, que vous n'avez rien à vous reprocher; aucune pensée attristante ne vient vous troubler, quand vous jouez après avoir fini vos devoirs; on lit cette joie sur votre figure : *il suffit de le regarder, pour reconnaître un petit garçon laborieux.*

4. Quand vous travaillez bien, vous faites des progrès; ce qui vous semblait d'abord très difficile, devient plus aisé; le travail porte ainsi sa première récompense en lui-même.

5. Et lorsqu'on est parvenu, à force de travail, à bien savoir quelque chose, c'est comme si on avait fait quelque emplette nouvelle; on en est tout heureux et tout fier. Rappelez-vous le jour où vous avez su lire couramment, où vous

avez commencé à écrire sans modèle, comme vous étiez contents! vous vouliez montrer à tout le monde votre talent. Quand vous avez appris un nouveau chapitre d'histoire ou de géographie, quand vous vous sentez capables de faire sans faute une nouvelle opération d'arithmétique, n'éprouvez-vous pas le même plaisir? Quand vous avez bien appris par cœur une belle poésie, est-ce que vous n'êtes pas fiers de la réciter devant vos camarades ou devant vos parents?

Voilà pour le présent. Pour l'avenir, vous vous rappelez ce que vous disait hier M. le Maire : **mieux vous aurez travaillé à l'école, plus il vous sera facile plus tard de choisir un bon métier et de gagner honorablement votre vie.** Un élève qui a une bonne écriture, qui compte vite et bien, qui, pendant ses années de classe, a bien profité de toutes les leçons de ses maîtres, qui est soigneux dans tout ce qu'il fait, qui ne se laisse point décourager par les difficultés, trouve toujours facilement à se placer et prend bien vite l'avance sur les autres. **L'habitude du travail, prise dès l'enfance, c'est la garantie du bonheur pour le reste de la vie.**

QUESTIONNAIRE.

Quelles raisons avons-nous d'aimer le travail? — L'enfant laborieux ne fait-il pas plaisir à ses parents? — à son maître? — à lui-même? — Quel est le résultat des progrès que nous fait faire le travail? — N'est-il pas agréable d'apprendre quelque chose de nouveau? — Quels seront plus tard les résultats du travail des écoliers? — Qu'est-ce que l'habitude du travail prise dès l'enfance nous garantit?

DIX-HUITIÈME LEÇON

Il faut aimer le travail. (*Suite.*)

Écoutez, mes enfants, quelques exemples qui vous montreront ce que peut l'amour du travail chez un enfant.

En voici un qui nous reporte à trois siècles en arrière, à une époque où l'éducation des enfants du peuple ne préoccupait guère les puissants du jour.

1. En 1524, arrivait à Paris un petit garçon de dix ans, orphelin, sans asile, presque sans vêtements et sans pain. Il avait fait à pied, Dieu sait au prix de quelles fatigues, les 50 lieues qui séparaient son village de Paris. Ce qui l'attirait invinciblement, c'est que Paris était déjà, comme aujourd'hui, le centre des études. Le besoin d'apprendre le tourmentait, lui qui ne savait presque pas encore ce que signifie le mot apprendre. Ayant réussi à se faire recevoir comme domestique dans un collège, il y était occupé pendant tout le jour aux plus durs travaux; mais la nuit, au lieu de dormir, il dévorait, à la clarté de la lune, quelques livres qu'on lui avait prêtés et s'efforçait de faire les devoirs qu'il trouvait dans les vieux cahiers des élèves : lire, étudier, apprendre! cela paraissait le reposer des fatigues de la journée. A la fin, un professeur le remarqua, s'intéressa à lui et le fit travailler. En quelques mois, sans interrompre pour cela la besogne journalière qui le faisait vivre, il avait

appris, à force de travail, tout ce que savaient les meilleurs élèves du collège. Il devint un des savants les plus illustres de son temps, un des fondateurs du Collège de France, l'ami de François Ier : c'était Pierre Ramus (1).

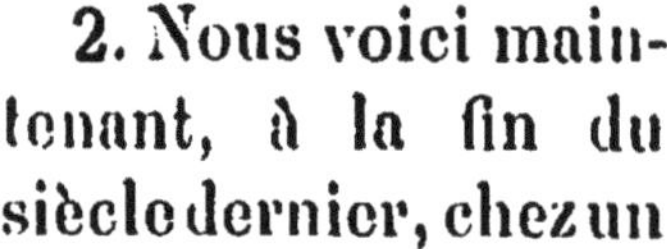

2. Nous voici maintenant, à la fin du siècle dernier, chez un modeste boulanger des environs de Nancy, nommé Drouot. Nous trouvons là un petit garçon qui, à l'âge de quatre ans, pleure parce qu'on ne veut pas le recevoir à l'école, et qui plus tard, obligé le jour de faire les commissions de son père et de porter le pain aux clients, se lève à deux heures du matin pour étudier à la lueur du four enflammé. Il étudie ainsi l'histoire, les mathématiques et tout ce qu'on apprenait à cette époque. Un jour, on lui dit que l'on fait passer à Metz des examens aux jeunes gens qui veulent devenir officiers d'artillerie. Il s'y rend. Quand on vit arriver ce petit campagnard, avec ses pauvres habits, ses gros souliers crottés, son air timide et embarrassé, on crut qu'il se trompait, qu'il était victime de quelque méchant tour; on chuchotait, on riait. Cependant il insiste pour être interrogé, il arrive

(1) **Ramus** (Pierre La Ramée) né en 1515, dans un village du Vermandois, mort à Paris le 24 août 1572, fut victime des massacres de la Saint-Barthélemy.

devant l'illustre Monge (1) qui présidait l'examen. Dès ses premières réponses, on se regarde étonné; le petit boulanger était devenu, dans ses études solitaires, un mathématicien de premier ordre; aucune question ne le surprend, aucune difficulté ne le déconcerte. Enfin Monge se lève, profondément ému, et l'embrasse. L'assistance, prête à le railler tout à l'heure, le porte en triomphe. Quelques années après, il était devenu le meilleur général d'artillerie de son temps, et son nom est resté synonyme de droiture et de simplicité autant que de science et de courage : c'était le général Drouot (2).

3. Aujourd'hui, mes enfants, plus n'est besoin, pour devenir un savant ou un général, d'étudier au clair de lune ou à la lueur du four paternel. Quand un élève aime le travail et se fait remarquer par ses maîtres, quelque pauvres que soient ses parents, dans notre société républicaine et démocratique, il n'est rien qu'il ne puisse espérer et atteindre. Vous n'avez pas oublié Charles Vignon qui était, ici même, il y a cinq ans, dans le cours supérieur. C'était un travailleur, celui-là, et les difficultés ne le rebutaient pas; il n'avait jamais, à son gré, assez de devoirs à faire, ni assez de leçons à étudier.

M. l'Inspecteur primaire, qui avait été frappé de son

(1) **Monge**, illustre mathématicien, né à Beaune, en 1746, mort en 1818. Il a écrit, en collaboration avec le grand chimiste Berthollet, la *Description de l'art de fabriquer les canons*.

(2) Le général Drouot, né à Nancy, le 11 janvier 1774, mort dans la même ville en 1847, fut l'un des plus remarquables officiers d'artillerie des armées de la République et de l'Empire. Au milieu des honneurs, il n'oublia jamais son humble origine, et se montra toujours modeste et bon; on l'avait surnommé le *Sage de la Grande Armée*.

ardeur au travail, l'a signalé à M. l'Inspecteur d'Académie. Il a obtenu une bourse dans un lycée, et le voilà depuis six mois à l'École polytechnique.

Vous le verrez aux vacances avec son bel uniforme; car il n'est pas homme, le brave garçon, à rougir de son village; et je suis bien sûr qu'il voudra venir ici partager la joie de son vieux père et jouir de notre satisfaction à tous.

QUESTIONNAIRE.

Racontez l'histoire de Ramus. — Du général Drouot. — Que peut espérer dans notre société française un enfant laborieux ?

DIX-NEUVIÈME LEÇON

Il faut que tout le monde travaille.

1. Voilà bien des raisons d'aimer le travail, mes enfants ; il y en a cependant encore une autre, plus importante que toutes celles que nous venons de passer en revue : **travailler, c'est faire son devoir de brave et honnête enfant**; c'est se préparer à être utile à ses semblables aussi bien qu'à soi-même ; **c'est obéir à une loi qui est imposée à tout être humain par la conscience et par la nature.** Regardez autour de vous, mes enfants ! cette école où vous venez vous instruire, la maison que vous habitez avec vos parents, elles ne se sont pas faites toutes seules ; il a fallu bien du travail pour les construire : il a fallu tirer les pierres de la carrière, couper les arbres de la charpente dans la forêt, et les amener ici ; puis les maçons

ont construit les murs, les charpentiers ont taillé et ajusté les poutres, les couvreurs ont posé le toit, les menuisiers ont fait les tables, les bancs, les chaises.

2. Le pain que vous mangez, que de travail n'a-t-il pas coûté au laboureur pour retourner son champ et l'ensemencer, pour couper et battre le blé, au meunier pour le moudre, au boulanger pour le pétrir et le cuire !

Et la charrue, s'est-elle faite toute seule ? N'a-t-il pas fallu extraire le minerai de la terre, en tirer le fer, le forger pour faire le soc ?

Et vos vêtements ? ils sont cousus par vos mères, l'étoffe en est fabriquée par le tisseur ; et combien d'autres ouvriers encore sont nécessaires pour préparer la laine, et récolter le chanvre ou le coton qui en composent le tissu !

Il en est de même de vos livres, de vos cahiers, de vos plumes, de tous les objets dont vous vous servez !

3. Et ce n'est pas seulement le travail des mains qui a été nécessaire pour faire toutes ces choses. Que d'inventions il a fallu pour construire toutes les machines qui servent à les fabriquer ! que d'inventions, c'est-à-dire que d'efforts d'esprit, que de recherches, que d'essais ! Je vous ai raconté l'autre jour l'histoire de Bernard Palissy (1) ; vous avez vu ce qu'il lui a fallu de peines, de fatigues, de persévérance pour trouver l'émail dont il a couvert ses poteries. Il n'y a pas d'industrie qui n'ait demandé des efforts et des peines semblables.

(1) **Bernard Palissy**, né en 1510, à Saintes, mort à Paris, en 1580, célèbre à la fois comme inventeur de l'émail sur porcelaine et sur verre, et comme naturaliste.

4. *Tout ce dont nous nous servons, tout ce qui nous est nécessaire pour vivre est le produit du travail d'autres hommes. Est-il juste que nous en profitions sans travailler nous-mêmes?* Non, vous le voyez, **le travail est une dette à payer; celui qui ne travaille pas, ne mérite pas le pain qu'il mange.** Vous, mes enfants, vous êtes trop petits et trop faibles encore pour travailler par vous-mêmes à produire les objets nécessaires à la vie. Mais **en vous instruisant, vous vous préparez à rendre plus tard à vos semblables les services que vous recevez d'eux,** et c'est pour cela que votre travail est utile et bon.

QUESTIONNAIRE.

Qu'est-ce qui doit encore nous faire aimer le travail? — Le travail n'est-il pas une loi imposée à tous les hommes? — Pourrait-on vivre sans travailler? — Le travail n'est-il pas une dette à payer? — Comment les enfants peuvent-ils s'acquitter de cette dette?

VINGTIÈME LEÇON

Il faut savoir travailler.

1. Je suis sûr, mes enfants, que vous allez tous maintenant travailler courageusement. Mais il ne suffit pas de se mettre à sa table de travail

pour faire ses devoirs et apprendre ses leçons. Si, pendant que votre corps est là bien tranquille, votre esprit se promène ailleurs; si vous pensez aux jeux que vous venez d'interrompre, à ceux que vous recommencerez tout à l'heure; si la mouche qui vole, l'oiseau qui chante, suffisent à vous distraire, vous croyez travailler, mais en réalité, vous ne travaillez pas. **Travailler, c'est appliquer tout son esprit à ce que l'on fait.** Pour vous, mes enfants, travailler, c'est chasser résolument de votre pensée toute idée qui ne se rapporte pas à votre devoir ou à votre leçon. Je vous vois souvent, quand vous travaillez, tenir votre tête dans vos mains, pour fermer vos oreilles à tous les bruits du dehors : c'est très bien ; mais il ne faut pas boucher seulement vos oreilles, il faut fermer aussi votre esprit à tout ce qui peut vous amuser ou vous distraire.

2. A plus forte raison faut-il être attentif pendant la classe. Ce n'est pas pour le plaisir de vous voir bien silencieux et bien tranquilles que je vous défends de causer ou de vous remuer. Quand vous bavardez avec votre voisin, quand vous échangez avec un camarade des signes ou des grimaces, quand vous faites des dessins sur les marges de vos livres ou de vos cahiers, est-ce que vous pouvez

m'écouter et profiter de la leçon? *Croyez-vous que vous soyez vraiment à l'école pendant ce temps-là?* Non, votre corps y est, mais votre esprit n'y est pas. Et ce qu'il y a de pire, c'est que *vous ne vous faites pas seulement tort à vous-mêmes, mais vous portez aussi préjudice à vos camarades*; vous leur volez la partie de la leçon que votre bavardage ou vos grimaces les empêchent d'entendre. Est-ce là le fait d'un bon écolier et d'un bon camarade?

3. Il y en a aussi parmi vous qui travaillent bien pendant une semaine, quinze jours, un mois, et qui, après cela, s'arrêtent et ne font plus que juste ce qu'il faut pour ne pas être punis. Croyez-vous que ce soit le bon moyen de faire des progrès?

Si, pendant un mois, vos parents vous laissaient manger tout ce que vous désireriez, mais, le mois suivant, ne vous donnaient que ce qui est indispensable pour ne pas mourir de faim, croyez-vous que vos estomacs s'en accommoderaient et que vous deviendriez grands, forts et bien portants?

Rappelez-vous bien que **le travail ne peut être profitable que s'il est régulier et continu.** Quand vous interrompez votre travail, non seulement vous perdez le temps pendant lequel vous vous relâchez ainsi, mais vous perdez encore presque tout ce que vous avez appris précédemment.

QUESTIONNAIRE.

Comment faut-il travailler pour que le travail soit profitable? — Quels sont les effets de la distraction? — Quel tort l'écolier dissipé se fait-il à lui-même? — Ne fait-il pas aussi tort à ses camarades? — Ne mérite-t-il pas d'être puni? — Pourquoi faut-il travailler régulièrement et sans interruption?

VINGT ET UNIÈME LEÇON

Il faut être soigneux.

1. Voyons, Louis, montre-moi tes mains! les voilà encore toutes sales et toutes pleines d'encre! tu auras fait comme toujours: tu trempes si bien ta plume dans l'encrier que tu la retires couverte d'encre jusqu'au manche: *c'est par le manque d'attention et de soin que tu te salis ainsi.*

Mais avec des mains comme celles-là, comment pourrais-tu être propre? Tes doigts ont laissé leurs traces sur tes joues, sur ton nez; on dirait que tu sors d'un sac de charbon.

Et ta blouse, la voilà couverte de taches! ta pauvre mère sera obligée de se donner beaucoup de peine pour les faire disparaître; elle te grondera et tu l'auras bien mérité; mais je crains que tes devoirs et tes leçons de demain ne s'en ressentent; **on ne travaille pas bien quand on a fait de la peine à sa mère.**

Et tes livres! tes cahiers! quels affreux pâtés! et comme tous les coins des pages sont chiffonnés et salis! comment pourrais-tu soigner ton écriture sur ces vilains torchons? *Quand les cahiers, quand les livres ne sont pas propres, il est bien difficile d'avoir du goût au travail.* Allons, va te laver à la fontaine; et si, comme tu me l'as promis hier, tu veux devenir un bon petit écolier, bien laborieux, souviens-toi qu'*il faut commencer par être un enfant bien propre, et que* **la propreté, c'est de l'attention et du soin de tous les instants.**

2. — Et toi, Charles, qu'est-ce que tu cherches depuis le commencement de la classe dans ton carton?

— Monsieur, je ne retrouve pas ma copie! je suis pourtant bien sûr de l'avoir mise dans un de mes cahiers! il faut que quelqu'un me l'ait prise.

— Je crois plutôt que tu l'auras laissée à la maison dans quelque cahier que tu n'auras pas apporté. Ce n'est pas la première fois que le manque d'ordre te joue un pareil tour. Te rappelles-tu le jour où ta pauvre maman t'a amené elle-même à l'école en me priant de t'excuser parce que tu étais en retard? Il paraît que tu avais perdu ton cahier de calcul, et que tu avais fait un beau tapage à la maison! Tu courais dans toutes les chambres, tu tapais du pied, tu bouleversais ta table de travail, la petite étagère où tu mets tes livres, tu t'arrachais les cheveux. En entendant tout ce bruit, ta mère vint et elle eut l'idée de visiter ton sac: elle l'y trouva, ce fameux cahier qui t'avait donné tant de mal! il était si bien caché au milieu des autres que tu ne l'y avais pas aperçu tout d'abord, et que tu l'avais cherché partout où il n'était pas.

3. Ce jour-là, le défaut d'ordre et de soin t'a fait

manquer l'heure de la classe; aujourd'hui tu viens de perdre, à chercher ta copie, le temps que tes camarades ont employé à repasser leurs leçons; et si je t'interroge tout à l'heure, et que tu ne puisses pas répondre, à qui sera la faute encore? à ton manque d'ordre.

Celui qui range mal ses affaires, perd forcément son temps. Qu'est-ce qui s'en trouve mal? C'est toujours le travail. N'emploie-t-on pas souvent à chercher ses livres et ses cahiers, sa plume ou sa règle, autant de temps qu'il en faudrait pour achever ses devoirs? Et peut-on travailler avec l'application nécessaire quand on a l'esprit constamment troublé par la crainte d'avoir perdu ce qu'on a eu le tort de ne pas ranger?

Vous voyez donc, mes enfants, que le soin et l'ordre ne sont pas de petites choses : **un écolier sans soin ne sera jamais un bon écolier.**

Questionnaire.

Que faut-il faire pour être propre? — Le manque de propreté peut-il nuire au travail? — Quels sont les inconvénients du manque de soin?

CHAPITRE V

IL FAUT ÊTRE UN BON CAMARADE

VINGT-DEUXIÈME LEÇON

Il faut être un bon camarade. — Il ne faut pas être égoïste.

1. — Oh! monsieur, dit le petit Ernest, voilà qui n'est pas aussi difficile que de travailler et d'obéir. Quand on ne se quitte pas de la journée, qu'on a les mêmes devoirs à faire, les mêmes leçons à apprendre, quand on joue ensemble à toutes les récréations, il est impossible qu'on ne s'aime pas. Est-ce que cela ne suffit pas pour être de bons camarades?

2. — **S'aimer les uns les autres, c'est**, en effet, **l'essentiel**, mon enfant; et la vie en commun fait naître d'elle-même cette affection mutuelle; c'est pour cela que **l'école est encore une famille, où tous les élèves**, surtout s'ils aiment bien leur maître, et tiennent à lui faire plaisir, **doivent être comme des frères.**

Cette bonne harmonie contribue à vous faire

aimer l'école et à vous donner de l'ardeur au travail. Quand il survient quelque brouille entre vous, vous n'avez plus le même entrain, et le travail s'en ressent.

3. Mais vous êtes aussi de petits hommes : chacun de vous a son caractère et ses goûts particuliers; chacun a également ses petits intérêts, et parfois, il faut bien dire le mot, ses caprices. Or, ces caractères, ces goûts, ces intérêts, ces caprices, ne sont pas toujours d'accord; loin de là ! est-ce que cela ne fait pas naître des difficultés?

Tenez, quand vous entrez en récréation, je vois souvent que tous veulent un jeu différent : ceux-ci les barres, ceux-là la balle, ou la cachette; comment vous arrangez-vous?

— Oh ! monsieur, on se fait des concessions, les uns cèdent un jour, les autres le lendemain.

4. — C'est-à-dire que, *pour vous mettre d'accord, vous vous imposez de petits sacrifices*. Est-ce que ce n'était pas aussi de petits sacrifices que je vous demandais, lorsqu'il s'agissait d'obéissance et de travail?

— C'est vrai, monsieur.

— C'est donc toujours la même chose; seulement l'amitié et le plaisir de jouer vous rendent ici le sacrifice moins pénible.

5. Mais regardez-vous comme un bon camarade

celui qui ne veut jamais céder, qui prétend toujours imposer sa volonté et gouverner les jeux à sa fantaisie, celui qui, en un mot, ne songe qu'à lui seul?

— Oh non, monsieur, nous le regardons comme un égoïste.

— **Un égoïste ne peut** donc **pas être un bon camarade;** vous avez bien raison, mes enfants; il ne pourra pas non plus être plus tard un bon citoyen. **Ne penser qu'à soi, n'aimer que soi, c'est le plus triste et le plus laid de tous les défauts. On ne peut attendre de l'égoïste ni bonté ni complaisance, encore moins générosité ou dévouement.** Inutile à tous, insensible au bonheur et au malheur d'autrui, il finit presque toujours par être à charge à lui-même; car on ne peut aimer celui qui n'aime personne, et on le punit par où il a péché, en le laissant seul.

6. Mais on ressemble aussi à cet égoïste quand, par amour de son propre plaisir, on trouble celui des autres, quand on refuse de leur rendre service, ou lorsqu'on veut user de ce qu'ils ont, sans les laisser user de ce que l'on a.

De bons petits camarades ne doivent jamais se montrer égoïstes.

QUESTIONNAIRE.

Est-il plus facile d'être de bons camarades que de travailler et d'obéir? — Pourquoi l'école est-elle comme une famille? — Quel est le premier devoir des camarades les uns envers les autres? — Qu'est-ce qui peut faire naître des difficultés entre camarades? — A quelle condition peut-on venir à bout de ces difficultés? — Un égoïste peut-il être un bon camarade? — Qu'est-ce qu'un égoïste? — Quelle est la punition de l'égoïste?

VINGT-TROISIÈME LEÇON

Il ne faut pas être orgueilleux. — Il ne faut pas être jaloux.

1. On m'a raconté l'autre jour l'histoire d'un petit garçon, qu'aux dernières vacances, ses parents avaient mené, avec quelques amis, passer une semaine à la campagne; appelons-le Émile, si vous voulez. Les fermiers de ses parents avaient un fils du même âge, un bon petit travailleur, qui avait eu beaucoup de prix à son école. Pour le récompenser et lui témoigner l'estime qu'il méritait, on l'avait invité à dîner avec les autres enfants. Le brave garçon vint, un peu timide et embarrassé de se trouver avec sa blouse au milieu de tous ces petits messieurs bien habillés; la plupart cependant lui firent bon accueil et le traitèrent en camarade. Mais il n'en fut pas de même d'Émile qui évita, tant qu'il put, de se rapprocher du petit paysan et de lui parler. A table cependant ils se trouvèrent placés l'un à côté de l'autre. Emile fit la grimace, retira sa chaise, éloigna le plus possible son couvert, s'arrangea enfin pour laisser un grand espace vide entre lui et le

petit garçon, comme si le pauvre enfant eût été un pestiféré. Il fit tant, que son autre voisin, sur lequel il avait presque fini par s'asseoir, le repoussa un peu vivement. Son père s'étant aperçu du manège, se leva, prit Émile par la main et le mena à une petite table dans un coin de la salle, où il le laissa tout confus et tout penaud pendant le reste du dîner.

Émile, n'est-ce pas? avait bien mérité cette punition, qui ne fut pas la seule d'ailleurs; car son père, honteux de sa conduite, exigea qu'il fît des excuses au petit fermier. Eh bien, mes amis, l'orgueilleux est toujours aussi condamnable qu'Émile, et j'ajouterai aussi sot. En effet, quelle sottise plus grande que de se croire au-dessus d'un autre enfant parce qu'il est moins bien habillé, ou parce que ses parents sont peut-être plus pauvres?

2. Mais c'est dans l'école surtout qu'il ne faut pas laisser entrer l'orgueil : **qui dit des camarades dit aussi des égaux.**

Celui qui se croirait, pour une raison quelconque, le droit de dédaigner quelqu'un de ses camarades, mériterait, comme Émile, d'être laissé seul.

3. — Mais, monsieur, est-ce que ceux qui travaillent le mieux, et qui sont les premiers dans les compositions, n'ont pas le droit de se croire supérieurs aux autres et d'en avoir de l'orgueil?

— Non, mon enfant, ils ont certes le droit de se montrer satisfaits d'avoir été de bons petits écoliers et de se réjouir pour eux et leurs parents de l'heureux résultat de leur travail; *mais s'ils dédaignaient leurs camarades moins laborieux et moins intelligents, ils prouveraient qu'ils n'ont pas bon cœur et qu'ils sont de mauvais camarades.*

4. Ce n'est pas, heureusement, ce qui arrive d'ordinaire, car *les bons écoliers sont presque toujours es plus modestes ;* c'est pourquoi on les estime et on les aime. Aussi est-ce une grande satisfaction pour moi de voir qu'à la distribution des prix vous vous montrez heureux des succès de vos camarades, et que vous battez des mains quand ils viennent sur l'estrade recevoir leurs récompenses. Cela vous fait honneur à tous; car cela prouve qu'il n'y a parmi vous ni orgueilleux ni jaloux.

5. Or, la jalousie est aussi une vilaine et méchante personne à laquelle il faut soigneusement fermer la porte; car si elle entrait jamais dans l'école, elle aurait bientôt changé des camarades en ennemis, et elle gâterait tout votre plaisir et toutes vos joies. **La jalousie, c'est le chagrin du bonheur d'autrui.** Si un élève était triste et morose parce que son camarade est heureux, est-ce qu'il mériterait encore le titre de camarade?

— Mais, monsieur, est-ce qu'on ne peut pas être fâché de voir, par exemple, que c'est toujours le même qui est le premier, et désirer être le premier à son tour?

— Être fâché de ce qu'un camarade est toujours le premier, non, sans doute, mon enfant; car ce serait être fâché de ce qu'il travaille bien et de ce qu'il est intelligent; ce serait être fâché de le voir bon et heureux, et tu comprends bien toi-même que ce serait de la jalousie...

6. Mais désirer être le premier à son tour, c'est tout autre chose : c'est vouloir redoubler de travail et d'efforts pour arriver à dépasser ses camarades ; cela, ce n'est plus de la jalousie, c'est de l'émulation : et **autant la jalousie est laide et funeste, autant l'émulation est belle, généreuse et utile.** Elle est l'un des stimulants les plus actifs du travail ; loin de diviser, elle unit : car plus on travaille, plus on estime et on aime ceux qui travaillent ; et deux petits écoliers qui rivalisent d'ardeur pour arriver à la première place, sentent bien qu'ils doivent, à cette rivalité même, une bonne partie de leurs progrès.

QUESTIONNAIRE.

Racontez l'histoire du petit Émile. — Quels sont les défauts de l'orgueil ? — Les bons élèves ont-ils le droit de dédaigner leurs camarades ? — Les élèves laborieux ne sont-ils pas d'ordinaire modestes ? — Qu'est-ce que la jalousie ? — Pourquoi faut-il la fuir ? — L'émulation est-elle différente de la jalousie ? — Quels sont les effets de l'émulation ?

VINGT-QUATRIÈME LEÇON

Il ne faut pas se mettre en colère. — Il ne faut pas avoir de rancune.

1. — Qu'est-ce que j'apprends, mes enfants ? Il paraît que Louis et Alfred, les deux amis, se sont

battus hier au sortir de l'école; et je vois même que Louis a une écorchure à la joue, et qu'Alfred a l'œil tout noir. Qu'est-il donc arrivé? Vous vous taisez, mes amis... je comprends votre silence, vous êtes honteux; et puis vous savez qu'il ne faut jamais dénoncer un camarade, ni raconter ce qu'il fait de mal. Mais, voyons, je devinerai peut-être sans que vous ayez à vous accuser l'un l'autre. Je sais que Louis est un peu taquin et assez moqueur; je sais aussi qu'Alfred est très susceptible; n'est-ce pas par une taquinerie que les choses auraient commencé?

Louis. — Oh! monsieur, c'est moi qui ai eu tous les torts, et je le regrette bien! Vous savez qu'Alfred a une montre que son oncle lui a donnée, et à laquelle il tient beaucoup; hier, pendant l'étude, je la lui ai cachée, et, à la sortie, comme il était fâché, je me suis moqué de lui.

Le Maitre. — Et Alfred s'est mis en colère; il t'a donné un coup de poing, et tu le lui as rendu; et voilà deux amis qui se sont battus, qui se sont fait du mal, et qui auraient pu s'en faire beaucoup plus encore! Vous voyez, mes enfants, les effets de la taquinerie; on croit jouer un bon tour à quelqu'un, mais on risque souvent d'aller plus loin qu'on ne voudrait, et on cause de la peine, quand on ne croyait faire qu'une plaisanterie. Combien **la colère est chose honteuse et terrible!** *elle fait de deux amis deux ennemis*, et de deux bons petits enfants, deux petites bêtes féroces, prêtes à s'entre-dévorer!

2. Quand on est en colère, on ne sait plus ce

qu'on fait, on est comme fou, ou plutôt, on n'a plus rien de l'homme. Quelle honte! On trépigne, on serre les poings, le visage se contracte, il semble que les yeux vont sortir de la tête. Oh! l'affreux spectacle! et comme il devrait suffire à guérir les emportés! Mais combien les conséquences en sont plus effrayantes encore! Les trois quarts des crimes, mes enfants, sont l'œuvre de la colère, surtout de la colère passée en habitude, et plus terrible par sa fréquence même. Luttez donc contre elle, maintenant qu'il en est temps encore, efforcez-vous de triompher de ses entraînements. Quand vous sentez que l'irritation vous gagne, tâchez de retenir les paroles vives, les gestes menaçants.

Cette contrainte salutaire agira sur votre âme et lui rendra le calme, et vous serez si contents d'avoir su vous contenir, que vous ne voudrez plus jamais vous laisser emporter.

3. — Et vous, Louis et Alfred, qui en ce moment devez sentir mieux que personne la laideur et les dangers de la colère, faites ce que doivent faire deux braves enfants qui ont eu des torts tous les deux, et qui les reconnaissent : tendez-vous la main, réconciliez-vous, et soyez, s'il se peut, plus amis qu'auparavant.

Eh quoi! Alfred, mon enfant, tu restes immobile; tu ne vois pas que Louis te tend la main? Il a eu les premiers torts, il est vrai, mais il les reconnaît, il les regrette. Et toi, n'as-tu pas eu des torts aussi? ne t'es-tu pas fâché trop vite? et n'as-tu pas frappé le premier? O mon enfant, si tu ne veux pas que je perde tout à fait la bonne opinion que j'avais de toi, ne sois pas rancunier.

4. La colère est bien laide, elle est brutale; mais, du moins, elle ne dure pas; c'est comme le lait qui bout, et se répand, tandis que la rancune, la bouderie, c'est la colère froide, la colère qui dure et se plaît à durer, la colère hypocrite qui se donne les apparences du calme, et qui reste pourtant aussi méchante aussi portée à faire du mal. C'est la colère sans excuse, la colère qui gagne jusqu'au cœur et l'empoisonne.

Est-ce que c'en est fait? et ne veux-tu plus jamais aimer ce Louis que tu ne quittais presque pas, avec qui tu allais toujours la main dans la main? Tu seras bien avancé quand tu auras attendu jusqu'à demain pour lui pardonner, après l'avoir bien fait souffrir?

Le pauvre Louis pleurait; Alfred lui prit la main, et ils s'embrassèrent en se jurant de ne plus jamais se quereller ni se mettre en colère.

Questionnaire.

Quels sont les inconvénients et les dangers de la taquinerie? — En quoi la colère est-elle honteuse et dangereuse? — Quels sont ses effets ordinaires? — Comment peut-on lutter contre elle? — Que faut-il faire quand on s'est brouillé? — Qu'est-ce que la rancune? — N'est-elle pas pire que la colère?

VINGT-CINQUIÈME LEÇON

Il ne faut pas dire du mal des autres. Il ne faut pas « rapporter ».

1. — Oh! maman, tu ne sais pas, Philippe a eu son devoir déchiré, tant il était mal fait!

— Pierre a été mis en retenue parce que, pour la troisième fois, il ne savait pas sa leçon!

— Le maître a dit à Maurice que s'il continuait à ne pas travailler, il ne serait jamais qu'un ignorant et un inutile!

Voilà ce qu'on entend souvent, trop souvent, quand les enfants rentrent de classe La maman fait semblant de ne pas entendre, ou elle gronde le méchant petit bavard, et elle a bien raison.

2. Fi! que c'est laid de prendre ainsi plaisir à répéter ce que d'autres ont fait de mal! Croyez-vous qu'ils seraient contents, s'ils vous entendaient? Et vous-mêmes, êtes-vous assez sûrs de ne jamais tomber dans les mêmes fautes, pour ne pas vous demander ce que vous penseriez de ceux qui feraient comme vous, et iraient publier vos étourderies? Et ne comprenez-vous pas quel

tort vous pouvez causer à vos camarades par ces médisances? Ceux qui vous entendent peuvent répéter vos paroles à d'autres personnes, qui les répéteront à leur tour; et vous risquez, non seulement de leur faire une mauvaise réputation, mais d'être cause que, plus tard, lors même qu'ils se mettraient à bien travailler, on les regarde toujours comme de petits paresseux, qu'on se défie d'eux et qu'on ne les accepte ni dans un atelier ni dans une ferme.

Ah! combien elles peuvent être nuisibles, ces petites langues! mais que de bien aussi elles peuvent faire quand elles sont bonnes et sincères! Mordez-les donc bien fort, mes enfants, quand elles se remuent pour médire ou pour répéter des méchancetés.

3. Faut-il que j'ajoute, mes amis : Surtout ne dites jamais de vos semblables le mal qu'ils n'ont pas fait, ne leur attribuez pas des fautes qu'ils n'ont pas commises! Non, un enfant qui serait capable de si affreuses inventions, **un enfant calomniateur serait un monstre**; je ne veux pas penser qu'il puisse y en avoir parmi vous.

4. Mais ici, dans l'école, dans la classe, je vous dirai : Mes enfants, gardez-vous de jamais venir me raconter les fautes de vos camarades. **Le rapporteur, le dénonciateur** — pour l'appeler par son nom — **est un traître**; celui qui se laisse aller à une action aussi basse, même lorsqu'il s'agit de petites choses, ne mérite que le mépris.

— Mais, monsieur, si on est puni pour un autre, est-ce qu'on n'a pas le droit de le dénoncer?

— Non, mon enfant, **celui qui laisse punir**

un camarade à sa place, commet une action mauvaise et honteuse; son silence est un mensonge et une lâcheté; certes on peut dire de celui-là qu'il est un mauvais camarade; et s'il ne se repentait pas, s'il ne se corrigeait pas, il risquerait fort de devenir plus tard un mauvais citoyen.

Mais *sa faute ne saurait excuser celle du dénonciateur.* Il est pénible, je le comprends, d'être puni sans l'avoir mérité; et vous savez bien que je fais tout ce que je peux pour que cela n'arrive jamais. Mais si le cas se présentait, **il faut qu'un bon et brave enfant préfère la souffrance de la punition à la honte de la dénonciation.**

Qu'il vienne me dire qu'il est innocent, mais qu'il ne me dise jamais quel est le coupable.

QUESTIONNAIRE.

Qu'est-ce que la médisance? — Quel mal peut-elle causer? — Que serait un enfant calomniateur? — Pourquoi ne faut-il jamais dénoncer un camarade, même quand on est puni à sa place?

VINGT-SIXIÈME LEÇON

Pour être un bon camarade, il faut avant tout être bon.

1. Jusqu'à présent, mes enfants, nous avons dit surtout ce qu'il ne faut pas faire, si l'on veut être un bon petit camarade. Est-ce tout? ou n'est-ce plutôt

que le commencement? ce qui est indispensable pour ne pas être un mauvais camarade?

2. Vous l'avez dit vous-mêmes, de bons camarades doivent s'aimer mutuellement et faire aussi ce qu'on fait quand on s'aime : ils doivent s'entr'aider, s'encourager, être toujours prêts à se rendre service, se réjouir du bien qui arrive à chacun d'eux, et partager le bien qui leur arrive à eux-mêmes.

3. **Il ne faut pas faire à vos camarades ce que vous ne voudriez pas qu'ils vous fissent à vous-mêmes**; voilà le résumé des leçons précédentes.

Faites à vos camarades ce que vous voudriez qu'ils vous fissent à vous-mêmes ; c'est toute la leçon d'aujourd'hui.

4. Soyez bons les uns pour les autres, mes amis ; c'est le vrai secret pour être heureux à l'école, et plus tard dans la vie. Car *l'enfant qui aura été un bon camarade, qui aura aimé les autres et se sera fait aimer de tous, sera aussi un bon citoyen, aimé et estimé, quand il arrivera à l'âge d'homme.*

QUESTIONNAIRE.

Rappelez ce qu'il faut éviter pour être un bon camarade. — Dites ce qu'il faut faire pour être un bon camarade. — Comment peut-on résumer les devoirs des camarades entre eux ? — Quel est le meilleur secret pour être heureux à l'école et dans la vie ?

CHAPITRE VI

IL FAUT ÊTRE UN BON PETIT FRANÇAIS

VINGT-SEPTIÈME LEÇON

Il faut être un bon petit Français.

1. Un régiment qui allait aux grandes manœuvres avait, ce jour-là, fait étape au village. C'était un grand événement pour les enfants, qui, aussitôt la classe finie, s'étaient répandus partout, conduisant les soldats dans les maisons où ils devaient loger, les regardant allumer leur feu, faire leur cuisine, nettoyer les armes et les habits, et, avec leur curiosité toujours en éveil, leur demandant mille explications sur toutes choses.

Mais ce qui les avait le plus frappés, c'étaient les honneurs rendus au drapeau. Ils avaient vu qu'on l'avait porté à la mairie en grande pompe, musique en tête, que les soldats lui avaient présenté les armes, et que les tambours avaient battu aux champs. Beaucoup d'habitants du village s'étaient découverts sur son passage, et l'ancien soldat Michel s'était tenu droit et raide comme à la revue en faisant le salut militaire. Ceux qui étaient près de lui disaient même qu'ils avaient vu à ce moment-là deux grosses larmes couler sur ses joues maigres et brunies.

2. Aussi les enfants s'étaient-ils bien vite groupés autour de lui, et les questions allaient leur train.

— Pourquoi rend-on tant d'honneurs au drapeau, M. Michel? pourquoi donc l'avez-vous salué? est-ce parce que ce sont les couleurs de la France?

Ces couleurs-là, en effet, mes enfants, **un bon Français ne doit jamais les voir sans leur rendre honneur, parce qu'elles représentent la patrie**; c'est pour cela qu'on les met aux fenêtres les jours de fêtes nationales; c'est pour montrer qu'on pense à la patrie, et qu'on est de cœur avec tous ses enfants.

3. Mais le drapeau du régiment, c'est encore autre chose, voyez-vous : ces trois couleurs-là, elles ont été au feu et elles y retourneront un jour pour la défense de la patrie; elles représentent l'honneur du régiment, c'est-à-dire tout le courage de ses soldats et de ses chefs, leur fidélité au devoir, la mort qu'ils ont bravée et qu'ils braveront encore à l'occasion. Vous avez vu les noms inscrits en

lettres d'or sur le drapeau; ce sont les noms des batailles auxquelles le régiment a assisté, des victoires qu'il a contribué à remporter. Ces noms, mes enfants, rappellent des moments où les balles, les obus pleuvaient, où l'on voyait tomber autour de soi des camarades, et où chacun avait fait d'avance le sacrifice de sa vie à la patrie et ne songeait qu'à marcher en avant pour repousser l'ennemi. C'est pour cela, mes amis, qu'on l'aime tant, le drapeau, et on l'aime plus encore maintenant, ajouta-t-il, en baissant la voix, depuis les malheurs de la guerre de 1870. C'est pour cela que vous m'avez vu pleurer tout à l'heure; et je pleurerais encore bien en pensant qu'il y a tant de nos drapeaux qui sont restés aux mains des Allemands.

4. Les enfants étaient tout émus en entendant les paroles de l'ancien soldat, et plus d'un avait aussi les yeux mouillés. Ah! mes amis, continua-t-il, vous ne comprendrez que plus tard tout ce que le drapeau est pour le soldat; mais il faut que vous l'aimiez dès maintenant, que vous sachiez que **même un enfant peut et doit mourir pour le drapeau.**

— Oui, continua-t-il, comme se parlant à lui même, j'ai vu un enfant mourir pour sauver le drapeau! et c'était une fille encore, à peine de votre âge, une petite Alsacienne. Ah! tenez, il me semble que je la vois encore, la pauvre petite, telle que nous l'avons trouvée sur la route, au pied d'un arbre, pendant la retraite, après Reichshoffen. Nous étions pressés de retourner au feu, et le moindre retard pouvait nous perdre. Mais des troupiers français ne laissent pas une fillette mourante sans la secourir. Les camarades la ramassent et la portent au docteur; on la déshabille pour voir si elle n'a pas quelque blessure; et qu'est-ce qu'on trouve sur son cœur, sous sa petite main presque froide qui ne voulait pas se desserrer?... les restes du drapeau d'un de nos régiments qui avait perdu presque tous ses hommes à la bataille. La petite, nous l'avons su depuis, était la sœur du porte-drapeau. Comme il était d'un des villages où l'on s'était battu, l'enfant avait couru, le soir, sur le champ de bataille, au milieu des morts et des blessés. Elle avait trouvé son frère mourant, qui n'avait pu que lui confier les pauvres loques qui restaient de son drapeau déchiré par la mitraille, en lui recommandant de les rapporter aux Français. La pauvre petite était venue, seule, au milieu du pays ravagé par l'ennemi, après avoir fait plus de dix lieues avec ses faibles jambes d'enfant; elle était arrivée exténuée, brisée, n'ayant plus le souffle! mais elle avait sauvé le drapeau! Ah! mes enfants, si tous les Français avaient eu le cœur de cette fillette de dix ans, les Allemands auraient eu beau faire, nous n'aurions pas été vaincus!

QUESTIONNAIRE.

Qu'est-ce que le drapeau? — Que représente le drapeau d'un régiment? — Pourquoi les soldats sont-ils si dévoués à leur drapeau? — Racontez l'histoire de la petite Alsacienne, morte pour sauver le drapeau

VINGT-HUITIÈME LEÇON

Il faut aimer la patrie plus que tout au monde.

1. Le lendemain, les enfants s'étaient levés de bonne heure pour assister au départ du régiment, et ils l'avaient accompagné aussi loin qu'on le leur avait permis. En le quittant, ils agitaient leurs casquettes et poussaient des vivats; ils restèrent sur la route, saluant le drapeau et le régiment jusqu'à ce qu'ils les eussent perdus de vue.

C'est bien, dit le maître, je vois que vous êtes déjà de bons petits Français, et que votre cœur bat au seul mot de patrie. Oui, mes enfants, **la patrie, c'est la grande famill , qu'il faut aimer encore plus que votre père et votre mère, car ce n'est que par elle que nous existons tous.**

2. Vous savez bien, n'est-ce pas? que votre père et votre mère ont eu chacun leur famille, et votre grand-père et votre grand'mère de même ; et vos arrière-grands-pères et vos arrière-grand'mères ont eu aussi leurs arrière-grands-pères et leurs arrière-grand'mères. S'ils pouvaient revivre, vous les aimeriez comme les auteurs de vos jours, et

ils vous aimeraient comme leurs propres enfants. Si vous pouviez voir ainsi toute la suite de vos ancêtres, vous comprendriez comment, à l'origine, notre nation s'est formée de quelques familles déjà parentes, qui se sont multipliées à l'infini. Ceux donc qui ne sont plus parents aujourd'hui, l'ont été par leurs aïeux dans les temps anciens; *c'est le même sang qui coule dans les veines de tous, et il ne dépend pas plus de vous d'avoir d'autres ancêtres que d'avoir un autre père ou une autre mère.*

3. — Mais, monsieur, je ne voudrais pas pour tout au monde avoir un autre père ni une autre mère! je les aime trop, et je sens bien que personne ne m'aimerait autant qu'eux!

— Tu parles comme un bon petit enfant, mon ami, et je suis sûr que tous tes camarades pensent comme toi. Tu vois que tu es attaché à tous les Français des temps passés, comme à tous les Français des temps présents, par des liens semblables à ceux qui t'unissent à ton père et à ta mère. Tu ne voudrais pas non plus, n'est-ce pas? avoir un autre grand-père et une autre grand'mère, ni d'autres frères et sœurs en place de ceux que tu as? *Si l'on voulait te faire changer de patrie, ce serait donc comme si on voulait t'arracher à tous ceux à qui tu dois la vie, à tous ceux qui la doivent comme toi aux mêmes parents.*

— Oui, monsieur, et je comprends tout ce que les Alsaciens-Lorrains ont dû souffrir quand on a voulu les contraindre à n'être plus Français.

4. Ce n'est pas tout : tu es redevable à tes parents, non seulement de la vie, mais encore de tous les soins qu'ils te donnent, de la peine qu'ils prennent

pour t'élever, de leur travail de tous les jours pour gagner la vie de la famille. De même, nous ne devons pas seulement aux Français, nos ancêtres, d'exister, *nous leur sommes redevables encore de tout ce qu'ils ont fait pour que la France devînt ce qu'elle est aujourd'hui;* nous leur devons leurs efforts, leurs luttes, leurs souffrances. Songez à tout ce qu'il a fallu de sang pour défendre la France contre ses ennemis ; songez à toutes les misères qu'ont endurées nos pères pour conquérir le bien-être et la liberté dont nous jouissons! L'histoire de France nous le montre à toutes ses pages; *c'est à force de larmes et de sang que la France est devenue ce qu'elle est aujourd'hui.*

5. Mais cette reconnaissance que nous devons aux ancêtres, doit-elle s'arrêter à eux? ne doit-elle pas se reporter aussi sur leurs descendants, les Français d'aujourd'hui? Quand une personne nous a rendu un grand service, qu'elle nous a sauvé la vie ou l'honneur, est-ce que cela ne crée pas entre les deux familles une affection qui s'étend jusqu'à leurs enfants?

Français, mes chers amis, **nous nous devons tous les uns aux autres la dette contractée envers nos communs ancêtres**; et c'est une raison de plus pour que des citoyens se regardent comme des frères.

QUESTIONNAIRE.

Qu'est-ce que la patrie? — Comment faut-il l'aimer? — Comment se forme une nation? — Que sont vraiment pour nous les Français d'autrefois et les Français d'aujourd'hui? — Ne tenons-nous pas à la patrie par les mêmes liens qu'à la famille? — Que devons-nous à nos ancêtres? — Comment et pourquoi ont ils droit à notre reconnaissance?

VINGT-NEUVIÈME LEÇON

Il faut aimer la patrie plus que tout au monde (*Suite*).

1. Il y a encore autre chose, mes enfants : quand un membre d'une famille s'est distingué par son courage, par son travail, tous les autres membres de la famille en sont fiers ; il leur semble avoir une part du mérite de leurs parents. Vous avez pu voir, par exemple, combien sont fiers, non seulement le père et les frères de Charles Vignon, mais encore ses oncles, ses cousins, de pouvoir dire qu'il est entré à l'École polytechnique. Si vous allez chez les enfants du père Christophe, vous verrez comme ils conservent précieusement sa médaille militaire, et combien ils sont heureux de la montrer aux personnes qui viennent les voir. Eh bien, mes amis, *nous avons de même le droit et le devoir d'être fiers de tout ce que les Français ont fait ou font encore de grand et de beau.* Toutes les œuvres de nos grands hommes, toutes les découvertes de nos savants, toutes les actions d'éclat de nos héros et de nos hommes de bien, sont des raisons de plus pour nous d'aimer notre grande famille française et d'en être fiers.

2. — Mais, monsieur, est-ce qu'on ne dit pas aussi que la patrie, c'est le pays, la contrée qu'on habite?

— Oui, sans doute, mon enfant: *le sol qu'un peuple habite* depuis son origine, où il s'est formé, où il a grandi, *fait partie de la patrie* et *a droit, lui aussi, à son amour*. D'abord, il a été le théâtre de tout ce qu'ont fait nos pères; il est rempli des souvenirs de leur histoire, il a été bien souvent arrosé de leur sang autant que de leurs sueurs. Puis, ils ont défriché ce sol, l'ont rendu habitable; ils l'ont couvert de villages et de villes, l'ont façonné à leurs besoins et adapté à leur caractère et à leurs mœurs; ils l'ont, pour ainsi dire, pénétré de leur esprit. Voyez si, dans nos villages, chaque propriétaire ne donne pas à son champ, surtout à son jardin, un aspect différent, une physionomie particulière. Ce sol natal est donc pour nous comme une seconde maison paternelle, qui nous est chère, parce qu'elle est pleine des souvenirs de notre famille, dont elle a vu les joies et les tristesses; parce que nos parents y ont été élevés, parce que nous y avons grandi nous-mêmes, et que, mieux que partout ailleurs, nous nous y sentons chez nous.

3. Enfin, mes amis, nous tenons nous-mêmes à la terre natale par toutes les premières impressions, les premières habitudes de l'enfance qui occupent une si grande place dans notre existence. Vous rappelez-vous, Louis, ce que vous me racontiez au retour des vacances? Vous étiez allé passer un mois chez votre oncle qui demeure à vingt lieues d'ici; vous me disiez qu'au bout de quelques jours, malgré le

plaisir que vous éprouviez d'être avec vos bons parents, malgré la fête qu'on vous faisait, il vous tardait de revoir votre maison, le rideau d'arbres qui fait face à votre fenêtre, et tout ce que vous avez l'habitude de voir chaque jour. Et, quand vous êtes revenu, quelle joie vous avez ressentie en apercevant de loin le clocher, quand vous avez revu la place où vous jouez avec vos camarades, et même l'école où vous alliez bientôt rentrer!

4. Et ce n'est pas la beauté, ni l'agrément d'un pays qui le font aimer de ses habitants ; on a souvent remarqué que les pays qui paraissent les plus âpres et les plus ingrats, ceux qui font acheter au prix des plus rudes labeurs les plus maigres moissons, sont ceux qui inspirent à leurs habitants le plus d'amour.

L'attachement des montagnards pour les rochers sauvages et abrupts de leurs montagnes est devenu proverbial. Les Suisses, aux siècles précédents, quittaient en masse leur pays, où ils ne pouvaient trouver des moyens d'existence, et venaient prendre du service dans les armées des autres nations; mais le souvenir de leurs montagnes était si profondément gravé dans leur cœur, qu'ils ne pouvaient entendre sans pleurer les airs qui les leur rappelaient, et qu'on dut interdire de jouer devant eux le « Ranz des vaches (1) » qui les jetait dans la mélancolie et le désespoir.

C'est pourquoi, mes enfants, l'exil est chose si cruelle, même au milieu de toutes les aises de la

(1) Le **Ranz des vaches**, air plaintif que les pâtres de la Suisse jouent à l'aide de longues cornes de bois.

vie. C'est ce qui fait aussi que le voyageur, après une longue navigation, est, comme notre ami Louis, pénétré d'une si douce émotion, en apercevant de loin les rivages de son pays.

QUESTIONNAIRE.

De quoi devons-nous être fiers comme Français? — Qu'est-ce qui nous fait aimer le sol de la patrie? — D'où vient l'amour du pays natal?

TRENTIÈME LEÇON

Aucune patrie ne mérite d'être aimée plus que la France.

1. Mes amis, à quelque nation qu'il appartienne, **tout homme a les mêmes raisons d'aimer sa patrie, comme tout enfant a les mêmes raisons d'aimer sa mère.** Nous devons comprendre et respecter son patriotisme toutes les fois qu'il ne prétend pas s'attaquer au nôtre.

Nous pouvons pourtant nous dire, sans orgueil, **qu'aucune patrie ne mérite d'être aimée plus que la France.**

— Il n'y a pas d'abord de pays plus beau, mieux situé, d'un climat plus agréable. Touchant d'un côté aux pays du Nord, de l'autre à ceux du Midi, la France n'est éprouvée ni par les froids affreux des pays septentrionaux, ni par les chaleurs torrides des régions méridionales. Baignée par trois mers, elle ne connaît pas cependant les brumes épaisses qui, dans le Nord surtout, couvrent, pendant la plus grande partie de l'année, les pays insulaires.

Elle a des vallées et des fleuves admirables, comme la Loire, la Seine, le Rhône, la Garonne ; elle a des plaines riches et fertiles, et des montagnes qui ne le cèdent en beautés pittoresques à celles d'aucun autre pays : les Alpes, les Pyrénées, les montagnes de l'Auvergne. Ses villes sont les plus belles et les plus agréables du monde entier.

Aussi attire-t-elle en foule les étrangers qui viennent y chercher un climat plus doux, une vie plus facile, et que retiennent encore la douceur des mœurs et l'affabilité proverbiale des Français.

2. Puis, mes enfants, quel pays a eu une histoire plus belle, plus glorieuse, a soutenu plus héroïquement des luttes plus terribles ?

Quel pays a eu plus de grands hommes, dans la guerre, dans la politique, dans les lettres et les arts, dans les sciences ?

Quelle terre a vu éclore plus de dévouements ?

Quelle nation, autre que la France, a eu une Jeanne d'Arc (1), et un Vincent de Paul (2) ?

3. Si vous voyiez un élève, grand et robuste, abuser de sa force pour maltraiter les plus faibles, que penseriez-vous de lui ?

(1) **Jeanne d'Arc**. L'héroïne qui sauva la France de la domination anglaise, au XVe siècle, est née en 1412 à Domrémy, village du département des Vosges. Au mois d'octobre 1428, sous l'influence d'une inspiration surnaturelle, elle se rendit auprès du dauphin Charles VII, à Chinon, et parvint à rendre le courage au jeune prince et à son armée ; le 8 mai 1429, elle força les Anglais à abandonner Orléans. Le 17 juillet de la même année, elle fit couronner Charles VII à Reims. Prise au mois de juin 1430, à Compiègne, elle fut livrée aux Anglais qui, après un procès inique, la brûlèrent à Rouen, le 30 mai 1431.

(2) **Vincent de Paul**, l'un des plus illustres apôtres de la charité, né à Dax en 1576, mort le 22 septembre 1660.

S'il se rencontrait un camarade qui ne se servît de sa vigueur que pour protéger les plus petits, empêcher les injustices, apaiser les querelles, n'auriez-vous pas pour lui de l'estime et de l'admiration?

Eh bien, le premier rôle, ce rôle odieux, d'autres peuples l'ont joué quelquefois, la France, jamais! Au contraire, sans remonter plus haut qu'au siècle dernier, n'est-ce pas la France qui a aidé les États-Unis à fonder leur indépendance (1)? N'est-ce pas elle qui, au prix du sang de ses soldats, a délivré l'Italie du joug de l'Autriche (2)?

4. Je vous ai montré combien **il est honteux d'être égoïste,** de ne penser qu'à soi.

La France n'a jamais été égoïste; elle a toujours pensé aux autres peuples, à l'humanité tout entière. Quand, en 1789, elle a fait sa glorieuse Révolution, c'est pour tous les hommes qu'elle a pensé et qu'elle a lutté (3). Qui pourrait dire ce que lui doivent dans le monde les progrès de la justice et de la liberté?

5. Et aujourd'hui encore, mes enfants, quels bienfaits ne répand-elle pas parmi toutes les nations? N'est-ce pas un Français, ce savant illustre

(1) En 1777, au moment où les **États-Unis** luttaient pour conquérir l'indépendance que leur refusait l'Angleterre, ils reçurent de la France des secours considérables en hommes et en argent. Le **général La Fayette** partit avec un grand nombre de Français pour aller combattre dans leurs rangs. Au mois de juillet 1780, ce furent les six mille Français, conduits par Rochambeau, qui décidèrent la victoire en faveur de la jeune République américaine.

(2) **Les traités de 1815** avaient placé la Lombardie et la Vénétie sous le joug de l'Autriche, qui fit peser sur ces provinces un despotisme intolérable. La guerre d'Italie, la seule guerre populaire de Napoléon III, illustrée par les batailles de Magenta et de Solférino (juin 1859), eut pour résultat l'affranchissement de la Lombardie.

(3) Les principes proclamés par la Révolution française de

dont il faut que le nom soit connu de tous les enfants de la France, *Pasteur*, qui a trouvé le moyen de guérir la maladie terrible de la rage? *à qui des milliers d'hommes doivent chaque année l'existence*, et qui n'a demandé, lui, pour prix de sa découverte et de ses travaux, que le bonheur d'être utile à l'humanité!

6. Voilà bien des raisons, n'est-ce pas? mes amis, d'aimer la France. Mais il y en a une autre encore, celle dont vous parlait l'autre jour votre brave ami Michel. Dans la terrible année 1870, la France a été malheureuse. Conduite follement à la guerre contre un ennemi qui, depuis cinquante ans, préparait sa revanche, elle, si souvent victorieuse, a été vaincue; malgré des prodiges d'héroïsme et des sacrifices immenses, elle n'a pu sauver que son honneur. Elle a dû livrer aux Allemands cinq milliards, fruits de son travail, de son industrie; et, ce qui est plus terrible, elle a perdu deux de ses plus belles provinces, elle s'est vu arracher des millions d'hommes qui l'aimaient comme vous l'aimez, comme l'enfant aime sa mère.

Ah! mes enfants, songez à ce que souffrirait votre mère, si on vous enlevait à elle, s'il lui fallait voir ses enfants quitter, le cœur désespéré, le foyer où ils étaient si heureux, pour aller dans une demeure étrangère, forcés de donner ce nom sacré de mère à une ennemie. Voilà ce que la France a souffert! voilà ce qu'elle souffre encore!

1789 sont contenus dans la **Déclaration des droits de l'homme**, qui revendiquait la liberté non seulement pour les Français, mais pour tous les hommes.

Comment veut-on qu'elle se console d'une telle douleur* !

Aimez donc la France de toute votre âme, mes enfants ! **aimez-la pour sa beauté, pour sa grandeur, pour ses bienfaits, pour ses malheurs.**

QUESTIONNAIRE.

Quelles raisons particulières avons-nous d'aimer la France? — Quels sont les avantages du sol français? — Pourquoi l'histoire de France est-elle particulièrement intéressante? — Citez quelques-uns des grands hommes de France. — La France a-t-elle abusé de sa force? — A-t-elle été égoïste? — N'a-t-elle pas travaillé et lutté pour l'humanité? — Le monde ne lui doit-il pas aujourd'hui encore de grands bienfaits? — La France n'a-t-elle pas été malheureuse en 1870? — Pourquoi sa douleur n'est-elle pas de celles qui peuvent se consoler?

TRENTE ET UNIÈME LEÇON

Il faut toujours penser à la patrie.

1. Vous le voyez, mes enfants, **vous n'existez que par la patrie; tout ce que vous êtes, c'est à la patrie que vous le devez.** Écrivons donc sur le tableau ces deux vers qu'il faudra apprendre par cœur, et ne jamais oublier :

> Vous n'êtes point à vous : le temps, les biens, la vie,
> Rien ne vous appartient, tout est à la patrie.

Vous n'avez qu'à ouvrir l'histoire de France pour trouver, à toutes les pages, les exemples admi-

* V. Bidart, l'*Éducation par la poésie*, l'*Alsace*, p. 190. Gedalge.

rables de ceux qui se sont dévoués à la patrie, et qui ont donné leur vie pour elle. On ferait un livre, un gros et beau livre, mes enfants, rien qu'avec l'histoire de tous ces dévouements, de tous ces sacrifices.

2. Vous connaissez, n'est-ce pas, l'histoire de Jeanne d'Arc? C'était au temps où les Anglais ravageaient la France. Jeanne était une jeune fille presque une enfant encore, elle avait seize ans. Au spectacle des maux de la patrie, elle s'émeut et elle pleure ; elle se sent appelée par une voix divine à défendre, à sauver la France.

Elle savait bien qu'en quittant ses parents, son village, elle ne les reverrait plus jamais, qu'elle abandonnait une vie douce et heureuse pour aller au-devant des dangers, des souffrances, de la mort.

Elle n'hésite pas un moment : elle part, n'ayant que son courage et sa foi pour la protéger. Les premiers auxquels elle s'adresse la tournent en dérision ; n'importe, rien ne la rebute. Parvenue jusqu'à Chinon où était le roi, elle rend le courage, elle, une faible enfant, à tous ces vieux guerriers qui désespéraient du salut de la France. Elle se met à leur tête et délivre Orléans. Les Anglais fuient devant elle, jusqu'au jour où, par trahison, ils la font prisonnière.

Ils espèrent que la prison, les vexations de juges iniques feront faiblir celle qui n'a jamais tremblé sur les champs de bataille. Mais son innocence triomphe des juges, comme son intrépidité a triomphé des ennemis.

Il faut pourtant à leur haine une vengeance ;

pour l'assouvir, ils font monter l'héroïque jeune fille sur le bûcher.

Elle meurt, à vingt ans, du supplice le plus horrible, aussi forte devant la souffrance que devant la mort, ne *pensant qu'à la France qu'elle a sauvée.*

---

3. Nous voici quatre siècles plus tard, en 1792 : toute l'Europe est liguée contre nous; on s'efforce d'étouffer à la fois la France et la liberté qu'elle veut donner au monde. Mais un cri court dans le pays entier : la patrie est en danger ! et les volontaires s'enrôlent de toutes parts; les armées se forment; l'ennemi est repoussé : *c'est le courage de tous les Français qui a sauvé la France.*

Un vieillard avait quatre fils, son espoir et son seul appui.

Ils se présentent à lui, l'air triste et inquiet :

— Qu'avez-vous, mes enfants ?

— Mon père, nous voulons partir pour l'armée.

— Quoi, tous les quatre ! pas un ne me restera? s'écrie le vieillard.

Puis, surmontant un moment de faiblesse : oui, vous avez raison, dit-il, *la patrie a besoin de tous ses enfants.*

Il les accompagne jusqu'à la formation du bataillon où ils se sont enrôlés; il les embrasse en leur recommandant de faire leur devoir. La troupe s'éloigne; bientôt le père n'aperçoit plus ses enfants; il ne voit plus que le drapeau sous lequel ils sont réunis.

— Ah! dit-il, si je n'étais pas si vieux, je partirais avec eux *.

---

4. En 1814, il n'y avait plus d'hommes pour aller aux frontières ; on enrôla des jeunes gens, presque des enfants ; quelques-uns n'avaient guère plus que votre âge. On les appelait les Marie-Louise.

Ils avaient à peine assez de force pour porter leur fusil ; quelques-uns même étaient obligés de demander aux vieux soldats de leur charger leurs armes. Leur courage était si indomptable pourtant, qu'à la bataille de Champaubert ils enfoncèrent les rangs ennemis. Un chasseur de six mois de service fit prisonnier le général ennemi. Un petit garçon de treize ans ramena deux grenadiers deux fois grands comme lui. Il brandissait un grand couteau de boucher et disait en riant : Ces gaillards-là voulaient broncher ; mais je les ai bien fait marcher.

5. Le temps n'est pas venu pour vous, mes amis, de montrer un tel dévouement et un tel courage. Mais **lorsqu'il s'agit d'un petit Français, il n'y a pas d'âge pour aimer la patrie**. On

* Comparez les beaux vers de M. E. Manuel, dans le livre de M. Bidart, l'*Éducation par la poésie*, p. 139. Gedalge, Paris.

peut d'ailleurs la servir autrement encore qu'en offrant sa vie pour elle. C'est la servir que de se rendre utile à ses concitoyens; *c'est la servir que de faire son devoir à tout âge, en toute circonstance.* Pour vous, mes petits amis, *c'est la servir à votre manière que d'être de bons enfants et de bons écoliers.* Mais il faut que votre amour pour elle soit pour quelque chose, pour beaucoup, dans vos bonnes résolutions et dans vos efforts.

Si votre mère était loin de vous, si vous la saviez triste, malade, est-ce que vous ne penseriez pas à elle, tous les jours, à toute heure? et ne feriez-vous pas tout votre possible, pour qu'on pût lui dire que son petit garçon est sage, obéissant, laborieux?

Mes enfants, la patrie n'est pas absente, vous vivez au milieu d'elle, mais vous ne la voyez pas. Eh bien, faites pour la patrie ce que vous feriez pour votre mère; pensez souvent à elle; chaque matin, en vous éveillant, dites-vous : **je ne serais pas digne d'être un petit Français si je ne faisais rien pour la France**; je ne puis encore rien pour elle, je ne puis que me préparer à la servir un jour; mais *cela, je veux le faire, je le ferai* [*].

QUESTIONNAIRE.

Que devons-nous à la patrie? — Racontez l'histoire de Jeanne d'Arc, — des volontaires de 1792. — Des Marie-Louise. — Que doit faire un bon petit Français? — Comment doit-il montrer son [illegible] pour la patrie?

---

[*] V. Bidart, l'*Éducation par la poésie*, p. 30, la pièce de vers: *le Petit Soldat*, et p. 31, celle intitulée : *la France*.

TRENTE-DEUXIÈME LEÇON

Un bon petit Français ne doit jamais mentir.

1. Vous connaissez, mes enfants, l'histoire de Bara*, le petit volontaire républicain de onze ans, qui, pris par les soldats royalistes, préféra mourir, plutôt que de crier : Vive le roi ! Voyons, Louis, pourquoi admires-tu le petit Bara ?

— Monsieur, parce qu'il est mort pour la République.

— C'est vrai, mon enfant; mais sa mort a-t-elle été en elle-même utile à la République? Est-ce comme le chevalier d'Assas, par exemple, qui, en criant : A moi, Auvergne ! a averti, au prix de sa vie, les soldats français de la présence des ennemis, et les a sauvés?

— Non, monsieur, mais ce qui est beau, c'est que Bara n'a pas voulu renier son drapeau; il *n'a pas voulu crier : vive le roi! parce que c'eût été comme s'il avait crié : A bas la République!*

— *C'est donc pour ne pas mentir que Bara est mort.* Un autre, à sa place, se serait peut-être dit : « Qu'importe un cri, un mot que je ne pense

* V. Bidart, livre cité, p. 202.

pas ? je crierai : vive le roi ! et je n'en aimerai pas moins la République ».

Mais *dire le contraire de sa pensée*, surtout quand il s'agissait de cette foi républicaine, qui faisait sa vie, *c'était une lâcheté, c'était le déshonneur vis-à-vis de lui-même ;* le noble enfant a préféré mourir.

Bara, vous le voyez, n'est donc pas seulement un héros et un martyr de la République, c'est un héros et un martyr de la vérité. On a eu doublement raison de placer son image dans les écoles ; elle est comme un exemple vivant qui rappelle sans cesse qu'on doit sacrifier sa vie à la patrie, et préférer la mort au mensonge.

2. — Mais, monsieur, tous les mensonges n'ont pas la même importance ; est-ce qu'il faut tous également les haïr ?

— Mon enfant, les conséquences du mensonge ne sont pas toutes également graves ; mais **tout mensonge, quel qu'il soit, est toujours une tromperie, c'est-à-dire une chose indigne d'un honnête homme.**

Réfléchis un peu : si ta mère va demander à un marchand de l'étoffe de laine, et que le marchand lui livre de l'étoffe de coton, à laquelle on a su donner l'apparence de la laine, et qu'il la lui fasse payer pour de la laine, que penseras-tu de ce marchand ?

— Monsieur, je penserai qu'il a trompé et volé ma mère.

— Eh bien, mon ami, suppose que tu aies fait du bruit en classe sans que je t'aie vu ; je te demande : est-ce toi, Louis, qui as fait du bruit ? Si tu me réponds non, est-ce que tu n'as pas fait comme le marchand? Je te demandais évidemment de me dire le vrai; tu me réponds le faux en lui donnant par le ton de ta voix l'apparence du vrai. C'est du coton pour de la laine. Tu m'as donc trompé et volé, moi qui comptais que tu me dirais la vérité.

Si, pour te faire valoir, tu te vantes à un camarade de choses que tu n'as pas faites, tu lui donnes encore du coton pour de la laine, tu le trompes, tu lui voles, comme à moi, la bonne opinion que tu cherches à nous donner de toi.

3. Et remarque bien ceci : si le marchand a pu tromper et voler ta mère, c'est parce qu'elle avait confiance en lui; s'il avait écrit sur sa boutique : ici, on donne du coton pour de la laine! ta mère n'aurait pas à se plaindre d'avoir été trompée; mais il est probable, n'est-ce pas? que ni elle, ni personne ne serait allé chez ce marchand.

Toi de même : si tu me disais un non pour un oui, tu me tromperais, puisque j'aurais eu confiance en toi, la confiance qu'on a naturellement dans une personne à laquelle on adresse une question. Si tu écrivais sur ta casquette : ici on dit le oui pour le non, tu ne pourrais pas me tromper, car je me dirais : celui-là est un menteur, inutile de s'adresser à lui; et tout le monde ferait comme moi.

4. Quand tu racontes quelque chose à quelqu'un, si ce quelqu'un t'écoute, c'est qu'il croit que tu ne le trompes pas; sa confiance en toi équivaut à une promesse tacite que tu feras de la parole l'usage qu'on doit en faire, en ne disant que la vé-

rité. *Si tu mens*, tu manques à cette promesse, tu trahis la confiance qu'on avait en toi : *c'est comme si tu manquais à ta parole*. Est-ce qu'on estime beaucoup les gens qui ne tiennent pas leur parole?

— Oh non! monsieur, on les méprise comme des gens qui se manquent à eux-mêmes et trompent les autres.

— Eh bien, tu vois maintenant ce que c'est que le menteur, un homme qui ne tient pas sa parole, qui trompe, qui vole. C'est un joli personnage, n'est-ce pas?

5. Aussi tu sais bien que lorsque l'on dit de quelqu'un : « C'est un menteur! » il n'y a pas de plus grave insulte! c'est comme si on disait : « c'est un lâche et un traître. »

— Mais, monsieur, cela est vrai pour celui qui ment toujours; mais un mensonge par-ci, par-là, ce n'est pas aussi grave!

— C'est comme si tu me disais que, prendre une pomme, ce n'est pas voler. Un vol conduit à un autre vol. Un mensonge conduit à d'autres mensonges; qui vole un œuf, vole un bœuf, dit le proverbe; le mensonge reste toujours en lui-même ce que nous avons dit : un manque de parole, une tromperie, un vol.

6. Et maintenant, mes enfants, ne comprenez-vous pas pourquoi je vous ai fait écrire sur le tableau, qu'un bon petit Français ne doit jamais mentir? Mais croyez-vous que les petits Français aient seuls le devoir de ne pas mentir? Non, le mensonge est une faute également grave pour tous les hommes et pour tous les enfants; mais *c'est une*

faute particulièrement honteuse pour un Français.

— Pourquoi?

Parce que **franc et Français ne sont qu'un seul et même mot**; parce que toujours les Français se sont fait remarquer par leur franchise, leur sincérité, leur sentiment de l'honneur. *Jamais ils n'ont pris leurs ennemis en traîtres;* la ruse et le mensonge leur ont toujours été étrangers.

Un petit Français qui ment n'est pas digne du nom de Français, il ne peut plus tenir la tête haute, et regarder ses semblables en face; non, ce n'est plus un petit Français.

QUESTIONNAIRE.

Racontez l'histoire du petit Bara. — Qu'admirez-vous dans sa mort? Pourquoi est-il mort? — Tous les mensonges ont-ils la même importance? — Qu'est-ce que le mensonge? — Pourquoi est-il indigne d'un honnête homme? — N'est-il pas un manque de parole? une tromperie? un vol? — Quelle est la plus grande injure qu'on puisse faire à quelqu'un? — Pourquoi est-il particulièrement honteux pour un Français de mentir?

TRENTE-TROISIÈME LEÇON

Un bon petit Français doit être courageux.

1. Mes amis, **le courage est la vertu française par excellence**. Sur ce sujet-là, quand on parle à des écoliers français, on n'a qu'à leur dire : faites comme vos pères, faites comme vos grands-pères. Les enfants eux-mêmes ont donné bien des fois chez nous des preuves d'un courage admirable.

Je vous parlais hier de l'héroïsme du petit Bara.

Je vais vous raconter l'histoire de Viala : C'était à l'époque où la guerre civile désolait la France ; les royalistes, qui cherchaient à prendre Avignon, voulaient passer la Durance sur des barques ; mais le courant de la rivière est si rapide qu'ils ne pouvaient la traverser qu'à l'aide d'un câble qui unissait les deux rives. Couper ce câble, c'était arrêter les royalistes et sauver les troupes républicaines, menacées d'être cernées. Mais il fallait pour cela s'exposer au feu de l'ennemi, massé sur l'autre rive : c'était la mort certaine : les soldats hésitaient. Un enfant s'élance, muni d'une petite hache, c'était Viala ; il frappe à coups redoublés, le câble est rompu ; mais au même moment des balles ennemies l'atteignent ; *il tombe mort ; il avait douze ans.*

Les Romains de l'antiquité ont célébré un de leurs guerriers, Horatius Coclès (1), qui se dévoua, dans des circonstances semblables, pour défendre seul un pont, qui allait livrer passage aux ennemis. Mais le soldat romain n'avait à craindre que des javelots et des flèches, et c'était un homme rompu aux fatigues et aux dangers. Certes, le courage du petit Viala est plus grand encore que celui du héros antique.

(1) **Horatius Coclès** (l'an 507 av. J.-C.) défendit contre l'armée du roi étrusque Porsenna le pont Sublicius, et traversa le Tibre à la nage, sous les traits des ennemis.

5

2. Vous serez de courageux soldats, mes amis, je n'en doute pas; je suis sûr que, depuis le passage du régiment, il n'est pas un de vous qui n'ait rêvé qu'il courait à l'ennemi, qu'il montait à l'assaut, qu'on le relevait blessé pour lui donner la croix d'honneur.

Mais, en attendant, il faut que nos braves petits soldats de demain n'aient pas peur de sortir seuls le soir, ou de passer le long du cimetière.

Ces frayeurs sans raison sont indignes d'un petit Français.

3. Du reste, ce n'est pas à la guerre seulement qu'on a des occasions de montrer du courage, mais partout où il y a un danger à braver, une vie à sauver; et ce courage-là n'est pas hors de votre portée, mes enfants.

Vous vous rappelez l'histoire que je vous ai racontée de ce brave petit garçon qui a sauvé son petit frère sur le point d'être écrasé. On lisait l'autre jour dans les journaux un trait de courage semblable.

Deux enfants, l'un de huit ans, l'autre de quatre, jouaient ensemble dans un jardin; on leur avait bien défendu de s'approcher d'une sorte de mare boueuse dont l'eau servait à l'arrosage.

Mais les enfants, n'est-ce pas? ne sont pas toujours obéissants.... Notre petit homme de huit ans entend tout à coup un cri, il accourt : c'est son petit camarade qui est tombé dans la mare. Il savait bien que l'eau était profonde, que le fond était rempli de vase; n'importe! l'enfant va périr, il faut, à tout prix, essayer de le sauver. Il se jette à l'eau à son tour et saisit le pauvre petit qui avait déjà perdu connaissance; mais, au moment où, chargé de son fardeau, il fait effort pour regagner le bord, il sent ses pieds s'enfoncer dans la vase ; à ses cris personne ne répond ; bientôt il est presque submergé, et ne peut qu'à grand'peine soutenir la tête de l'enfant au-dessus de l'eau ; quelques minutes encore et ils allaient disparaître tous deux, lorsque, heureusement, un domestique de la ferme, entendant les cris, accourt, et parvient, non sans peine, à les retirer tous deux.

4. Vous verrez plus tard, mes enfants, que **le courage ne se montre pas seulement dans les dangers, mais aussi dans les difficultés de la vie;** que **la patience à supporter nos maux et ceux de nos parents n'est pas le moins difficile des courages.**

5. A votre âge, vous avez surtout besoin, avec vos jeunes têtes, de ne pas confondre le courage, qui lutte bravement contre le danger, lorsqu'il est impossible de le prévenir ou de l'écarter, avec la témérité qui le recherche et se plaît à le faire naître sans utilité et sans raison. Je vois des enfants qui, lorsque passe une voiture rapidement lancée, croient faire acte de bravoure en traversant la route, au moment où le cheval les touche presque. Ils risquent de se faire tuer ; mais, dans ce cas, loin d'être un mérite, leur témérité est une sottise et une faute grave ; et certes ils n'ont pas à se plaindre de la punition que ces ridicules bravades peuvent leur attirer.

QUESTIONNAIRE.

Racontez l'histoire de Viala. — Son action n'est-elle pas encore plus courageuse que celle d'Horatius Coclès, le héros romain? — La peur n'est-elle pas une faiblesse honteuse? — Ne peut-on montrer du courage qu'à la guerre? —

Racontez quelques traits de courage ! — Le courage ne se montre-t-il pas partout où il y a du danger? — Partout où il faut faire le sacrifice de sa vie? — Dans les difficultés et les peines de l'existence? — En quoi le courage diffère-t-il de la témérité?

TRENTE-QUATRIÈME LEÇON

Un bon petit Français doit se préparer à devenir un bon soldat.

1. Vous serez tous soldats, mes amis; il n'y a plus d'exception en face des obligations du service militaire. Tous les enfants de la France doivent concourir également à sa défense. Mais il ne suffit pas, quand vous aurez vingt ans, d'aller prendre votre place dans les régiments pour lesquels vous aurez été désignés. **Quand on aime la patrie, il faut se préparer d'avance à être un bon soldat et un bon citoyen.**

— Tenez, voilà votre ami Michel qui passe; il sait bien, lui, comment on devient un bon soldat ! Voulez-vous que nous lui demandions son avis?

Les enfants furent naturellement enchantés de la proposition; on appela Michel, qui ne se fit pas prier : il aimait toujours à parler de son ancien métier.

— Ah ! mes petits amis, dit-il, vous songez déjà à devenir soldats ! c'est bien, cela : je vois que notre conversation de l'autre jour vous a profité. Mais si le métier est beau, il est rude aussi;

il n'est pas mauvais que vous le sachiez d'avance, pour ne pas faire comme certains conscrits, que j'ai vus rester en route dès la première marche, et qu'il fallait constamment porter dans les ambulances. Si le pays n'avait que ceux-là pour le défendre !...

2. La chose essentielle, voyez-vous, mes enfants, c'est de se faire des muscles solides. Je ne parle pas du courage ; la première fois qu'on entend siffler les balles, ronfler les obus, dame ! ça vous remue bien un peu ; on baisse la tête, on les salue, comme disent les troupiers ; mais au bout d'un quart d'heure, on n'y pense plus que pour courir sus à l'ennemi : on n'est pas Français pour rien, n'est-ce pas?

Mais promener son sac toute la journée sur les épaules, porter son fusil, ses paquets de cartouches, ses provisions, cela est une autre affaire ; il faut être solide, et pour être solide, il faut avant tout ne pas se dorloter quand on est jeune. Ah! non! les enfants mous, indolents, les enfants qu'on ne peut pas faire sortir du lit le matin, qui ont peur d'avoir froid en hiver, d'avoir chaud en été, les enfants qui aiment mieux faire deux bons repas qu'une bonne course pour se dégourdir, ceux-là, voyez-vous, ne feront jamais de fameux soldats. **Se lever matin, ne pas trop aimer les bonnes choses, être dur pour soi-même, c'est la santé, et c'est aussi la force.**

3. Mais ce n'est pas tout : vous savez bien qu'on n'est pas soldat uniquement pour porter le

sac et le fusil, et faire des marches forcées. Il faut sauter les fossés, il faut escalader les murs, il faut courir vite et longtemps sans s'essouffler. Il ne suffit donc pas d'être fort; si on n'était pas souple et agile, on ne ferait encore qu'un piètre soldat. Cette souplesse et cette agilité, je n'ai pas besoin de vous le dire, mes enfants, ce sont les exercices de gymnastique qui vous les donneront. Il y en a qui ont l'air de mauvaise humeur, quand il faut aller à la leçon de gymnastique; ceux-là risquent de le payer cher plus tard.

4 Tenez, moi-même, si je suis encore ici, c'est à la gymnastique que je le dois. Vous savez que j'ai été prisonnier là-bas en Allemagne, en 1870, et que j'ai pu m'évader pour venir reprendre du service et me battre à l'armée de la Loire. Ce n'était pas commode, vous pensez, d'échapper à la surveillance des Allemands : il a fallu se laisser glisser pendant la nuit le long des remparts de la forteresse, se hisser sur les murs de l'autre côté des fossés... Enfin! j'étais dans la campagne et je courais pour mettre le plus de distance possible entre mes gardiens et moi; tout à coup le terrain manque sous mes pieds, je fais une chute, et me voilà dans un trou de cinq mètres de profondeur; c'était un vieux puits abandonné; impossible d'appeler à l'aide; les Allemands auraient été trop contents de me rattraper.

J'ai bien cru que j'allais finir mes jours dans ce puits; pourtant, quand je fus un peu remis de la secousse, je me rappelai que j'avais été dans le temps, moniteur de gymnastique : je m'appuyai le dos contre le mur, en posant les deux mains à plat de chaque côté, et le pied sur le mur opposé, en raidissant la jambe de toutes mes forces. Une fois bien arc-bouté de la sorte, je plaçai l'autre pied à côté du premier, mais un peu plus haut; à force de remuer le dos et de mettre successivement les pieds l'un au-dessus de l'autre, en me raidissant toujours, je gagnai l'orifice du puits; et alors, adieu les Allemands! sans les leçons de gymnastique, vous le voyez, j'étais perdu.

5. Mais ce qui fait surtout le soldat, mes enfants, c'est la discipline; car, si les soldats ne se pliaient pas, sans broncher, à tous les commandements, il n'y aurait plus de régiment ni d'armée; et il ne faut pas qu'on puisse dire plus tard, comme on l'a dit autrefois, que si les Prussiens nous ont vaincus, c'est qu'ils étaient mieux disciplinés que nous. Il faudra donc, à tout prix, que vous appreniez la gymnastique au régiment; seulement souvenez-vous bien de ce que je vous dis là : **plus vous vous habituerez à obéir à l'école, plus vous trouverez l'obéissance facile au régiment.**

Ce n'est pas toujours aussi agréable d'obéir à son caporal ou à son sergent qu'à l'instituteur; ils ne prennent pas tant de ménagements. Mais c'est pour le service du pays; qui oserait s'en plaindre?

QUESTIONNAIRE.

Ne faut-il pas se préparer à être un jour soldat? — Quelles qualités doit avoir un bon soldat? — Pourquoi faut-il qu'il soit vigoureux? Souple et agile? — Quels effets produit la gymnastique? — Racontez l'histoire du soldat Michel. — Qu'est-ce que la discipline? — Pourquoi est-elle nécessaire! — Comment peut-on se préparer à la discipline militaire?

TRENTE-CINQUIÈME LEÇON

Un bon petit Français doit obéir aux lois de la patrie.

1. Ce n'est pas tout, mes amis, d'aimer la France, de se préparer à lui être utile plus tard, et à la défendre. L'amour pour les parents se prouve, vous le savez, par l'obéissance à leurs commandements : la patrie, la mère commune, a aussi ses commandements, auxquels tous ses enfants doivent obéir, ce sont les *Lois*.

Le respect de la loi est le premier devoir du citoyen.

C'est avant tout par le respect de la loi qu'une nation est forte et prospère.

Habituez-vous donc, dès maintenant, *à regarder le respect de la loi et l'amour de la patrie comme une seule et même chose*. Dès que la loi commande, il faut lui obéir, comme on obéit aux ordres d'une mère chérie, sans discussion et sans murmure.

2. Partout où il y a plusieurs hommes réunis,

il faut une règle, sans quoi il n'y aurait que désordre et confusion. Il en faut une dans la famille, il en faut une à l'école; vous en avez une jusque dans vos jeux; et si quelque camarade cherche à s'y soustraire ou s'avise de la violer, vous savez bien le rappeler à l'ordre, et, s'il persiste, l'en exclure.

Combien une règle n'est-elle pas plus nécessaire encore, lorsqu'il s'agit des affaires et des intérêts communs aux millions d'hommes qui forment une nation! Cette règle, c'est la Loi.

3. La loi, d'ailleurs, n'est une entrave ou une gêne que pour les méchants. Elle ne défend que ce qui est mal. Elle protège la vie, la liberté, les propriétés de tous les citoyens. Ce qu'elle commande, c'est ce qui est indispensable au bien général. Elle n'est que la justice armée pour assurer à chaque citoyen la jouissance de ses droits, et pour exiger de lui sa part dans les sacrifices nécessaires à la sécurité et à la prospérité communes.

4. Dans un pays libre, comme la France, mes enfants, la Loi a encore plus droit qu'ailleurs à notre respect; car elle n'est pas imposée par un maître, elle est l'œuvre de la nation elle-même. Ceux qui la font, députés et sénateurs, sont librement élus par tous les citoyens; ils ont pour mission de mettre la loi d'accord avec ce que réclament la conscience et la raison de tous.

5. C'est ce qui fait la supériorité de la République, la forme de gouvernement la plus belle et la plus juste. Ailleurs, la volonté d'un maître, roi, prince, empereur, dicte des ordres qui ne sont pas toujours conformes à la justice ou à l'intérêt général.

Dans une République, c'est la volonté générale qui est seule maîtresse ; il n'y a pas de sujets, mais des citoyens, tous égaux devant la loi, tous libres, sauf en ce que la loi défend dans l'intérêt de tous, s'aimant comme des frères, parce qu'ils sont enfants de la même patrie, et qu'il n'y a pas de privilèges ou d'inégalités qui les séparent.

De là, mes enfants, la belle devise de la République française :

LIBERTÉ, ÉGALITÉ, FRATERNITÉ.

6. La République répond au besoin de justice et de liberté, à la générosité d'idées et de sentiments qui ont toujours distingué les Français. C'est par la République que la France est devenue vraiment elle-même ; elle a réparé, elle répare chaque jour, les injustices et les maux du passé ; elle s'efforce de préparer pour tous un avenir meilleur.

7. Vous vous rappelez ce que le père Christophe nous disait l'autre jour de l'école d'autrefois, et de l'école d'aujourd'hui? Cette école d'aujourd'hui, si différente, si supérieure à l'autre, c'est la République qui vous l'a faite, afin qu'en devenant plus éclairés et plus instruits, vous sachiez mieux apprécier la valeur de la justice et de la liberté. C'est elle aussi qui veut que la morale vous soit enseignée, parce qu'**une nation ne peut subsister que par la vertu et le dévouement de ses enfants**.

De là, mes amis, la double obligation dans laquelle se résument aujourd'hui vos devoirs :

obéir à la loi et travailler pour devenir plus instruits et meilleurs.

QUESTIONNAIRE.

Suffit-il d'aimer la patrie, et de se préparer à la défendre? — Quel est le premier devoir du citoyen? — Ne faut-il pas partout une règle? — Qu'est-ce que la loi? — Pourquoi la loi est-elle plus digne de respect chez un peuple libre? — Qui est-ce qui fait la loi? — Pourquoi la République est-elle la meilleure forme de gouvernement? — Qu'a-t-elle fait pour l'école? — Quels sont les deux devoirs essentiels des écoliers français?

TRENTE-SIXIÈME LEÇON

Un bon petit Français doit toujours être poli envers tout le monde.

1. Quand vous entrez dans la classe, mes enfants, pourquoi vous découvrez-vous? C'est pour témoigner du respect et de la déférence pour vos maîtres, n'est-ce pas? C'est aussi pour montrer que vous sentez toute l'importance de ce qui se fait à l'école, et de l'instruction que vous y recevez.

Et quand vous rencontrez des amis de vos parents, pourquoi les saluez-vous? pour leur prouver que vous avez du plaisir à les voir, et, qu'en votre qualité d'enfant, vous sentez que vous leur devez des égards et du respect.

De même, lorsque des personnes qui se connaissent, viennent à se rencontrer, elles se saluent, se donnent la main : c'est une marque de l'estime et de l'amitié qu'elles éprouvent les unes pour les autres.

2. Ainsi, mes enfants, les actes que commande

la politesse, servent toujours à exprimer les bons sentiments que nous avons pour nos semblables, et à montrer que nous comprenons les égards que nous leur devons.

3. Il arrive sans doute que la politesse nous impose certaines petites gênes, certaines contraintes : lorsqu'il faut, par exemple, se lever devant les personnes plus âgées, ou devant nos supérieurs, éviter en société toute attitude trop familière ou trop libre, retenir un mot trop vif. Mais c'est un petit sacrifice commandé à notre égoïsme, une preuve que nous sommes disposés, s'il le faut, à nous effacer devant les autres.

4. La vraie politesse, celle qui ne consiste pas en cérémonies vaines, est donc toujours le signe extérieur de la bonté et de la modestie, du désir d'être agréable ; elle n'est que l'habitude de montrer, par notre manière d'être, notre bonne disposition à l'égard de notre prochain.

5. Aussi contribue-t-elle beaucoup à entretenir de bons rapports entre les hommes. Mais elle est particulièrement importante chez des enfants comme vous. Un enfant impoli et grossier se rend désagréable à tout le monde, et n'est aimé de personne. Un enfant poli est, au contraire, bien accueilli partout ; on est d'avance prévenu en sa faveur, et disposé à le traiter avec bienveillance.

6. La politesse française, mes amis, a toujours été réputée dans le monde ; c'est un héritage de nos ancêtres dont nous pouvons être fiers, et que nous devons conserver précieusement, car il contribue à faire aimer la France. Aujour-

d'hui que tous les Français sont des citoyens égaux devant la loi, ils se doivent plus que jamais des égards réciproques qui témoignent de leur mutuelle estime et du sentiment de leur dignité.

Soyez donc polis, mes petits amis, afin qu'en vous voyant, on reconnaisse tout de suite que vous avez le sentiment et l'amour de vos devoirs envers vos semblables.

7. Surtout soyez polis envers ceux que vous pouvez être tentés de regarder comme des inférieurs, envers les serviteurs de la famille, envers les pauvres. Quoi de plus laid que des enfants qui se montrent dédaigneux et impolis envers ceux qui les servent, envers ceux qui ont besoin d'être secourus. La bonté et la politesse sont, au contraire, pour les enfants comme pour les grandes personnes, les meilleurs moyens de se faire aimer et respecter de tout le monde.

J'ai vu un jour un petit garçon qui, portant à un pauvre vieillard un sou que lui avait donné sa mère, ôtait devant lui sa casquette avant de lui remettre son aumône. C'était un bon et brave enfant, et si vous aviez pu voir le sourire du pauvre homme devant cette naïve et simple politesse, son regard de remerciement et de reconnaissance, je suis sûr que vous voudriez tous imiter un si bon exemple.

Questionnaire.

Pourquoi se découvre-t-on en entrant dans la classe? — Pourquoi salue-t-on les personnes qu'on connaît? — Qu'est-ce qu'expriment les actes de politesse? — Quels sont les sentiments dont ils sont le signe extérieur? — Quels sont les effets de la politesse? — Pourquoi est-elle particulièrement importante chez les enfants? — La politesse n'est-elle pas une qualité essentiellement française? — Envers qui est-il particulièrement nécessaire d'être poli?

CHAPITRE VII

IL FAUT ÊTRE JUSTE ET BON

TRENTE-SEPTIÈME LEÇON

Il faut aimer la justice.

1. Autrefois, mes enfants, vous le savez, les hommes n'étaient pas égaux ; les uns avaient toutes sortes de privilèges, les autres avaient toutes les charges ; était-ce juste ?

— Oh ! non, monsieur.

— Et, comme je vous l'ai dit, dans une même famille, le fils aîné avait les titres, la fortune, les cadets et les filles n'avaient rien ; ce n'était pas juste non plus, n'est-ce pas ?

Et vaut-il mieux que les choses soient comme aujourd'hui, qu'il n'y ait de différence entre les hommes que par le mérite, et que le plus pauvre, s'il est intelligent et laborieux, puisse avoir dans la société la même place que le riche ? Est-il préférable que les enfants de mêmes parents soient égaux par la loi, comme ils le sont par la nature? et sommes-nous plus heureux qu'il en soit ainsi?

— Oh! oui, monsieur, il n'y a pas de doute.

— Vous voyez donc que la justice est une belle, bonne et grande chose, puisque *c'est aux progrès de la justice que nous devons la suppression des privilèges et des inégalités d'autrefois.*

2. Vous lui devez, en réalité, beaucoup d'autres bienfaits; car, sans elle, nous pourrions, comme dans l'antiquité, être encore des esclaves, c'est-à-dire des hommes appartenant à leurs maîtres, comme des chevaux, ou des bœufs, et que ces maîtres pourraient, à leur gré, injurier, battre, tuer; ou, peut-être, serions-nous encore, comme au moyen âge, des serfs, c'est-à-dire des hommes qui faisaient partie d'une propriété, d'une terre et se transmettaient par vente ou héritage comme la maison ou le terrain.

Sans la justice, mes enfants, nous serions, comme chez les peuples sauvages, constamment exposés à être attaqués, pillés, tués par les plus forts. *C'est la justice qui, depuis le commencement de l'humanité, a lutté contre la force, contre la violence des oppresseurs de toutes sortes.*

3. Vous devez donc l'aimer pour ses bienfaits d'abord, puisque c'est à elle que nous sommes re-

devables de tous les avantages dont nous jouissons dans la société d'aujourd'hui. Mais vous devez l'aimer, et vous l'aimez aussi, j'en suis certain, pour elle-même ; car je vous ai vus souvent vous indigner au récit d'une injustice ; et dans votre vie d'écolier, il n'y a rien, n'est-ce pas? qui vous révolte plus que ce qui vous paraît injuste. Or, **haïr l'injustice, c'est la même chose qu'aimer la justice.**

4. Mais il faut bien comprendre, mes enfants, que si la justice vous procure des avantages et des droits, elle vous impose aussi des devoirs. **Il ne faut pas vouloir la justice seulement pour soi ; il faut aussi la vouloir pour ses semblables** ; *sans cela, il n'y aurait plus de justice du tout.*

Si je vous punissais pour un de vos camarades, vous trouveriez cela très injuste ; et si je punissais un de vos camarades pour vous, serait-ce plus juste?

De là ce grand précepte qui résume tous les commandements de la justice : — **Ne faites pas à autrui ce que vous ne voudriez pas qu'on vous fît à vous-même.**

Aimeriez-vous qu'on déchirât vos livres, qu'on tachât vos cahiers? qu'on se moquât de vous? voudriez-vous qu'on allât raconter partout ce que vous avez fait de mal? Non, n'est-ce pas?

Eh bien, ne faites jamais rien de semblable à autrui.

Questionnaire.

Que devons-nous aux progrès de la justice? — Que serait l'humanité sans la justice ? — Pourquoi faut-il aimer la justice? — Comment faut-il l'aimer ? — Pour qui ? — Quel est le grand commandement de la justice?

TRENTE-HUITIÈME LEÇON

Il ne faut faire de tort à personne.

1. Nous n'aimons pas qu'on nous fasse du tort, n'est-ce pas? Le précepte essentiel de la justice peut donc s'énoncer ainsi : **Il ne faut faire de tort à personne.**

2. Mais parmi les torts que les hommes peuvent se causer entre eux, il en est de tellement graves, que, s'il n'y avait pas de lois pour les punir, il n'y aurait plus de sécurité pour personne : tels sont les attentats contre la vie, la liberté, la propriété d'autrui. Les sociétés humaines, qui ont précisément pour objet de garantir cette sécurité, ont dû, par conséquent, interdire ces attentats par des lois et établir des peines contre ceux qui les violent.

C'est ainsi que, dans tous les pays civilisés, le meurtre, le vol, l'incendie, sont punis de la prison, des travaux forcés, de la mort.

Ce sont là, mes enfants, des crimes si affreux, qu'ils ne peuvent exciter en vous que l'indignation et l'horreur. Ceux qui les commettent se placent en dehors de la société et de l'humanité.

3. Mais que d'exemples, mes amis, de morts causées par un coup porté dans la colère, ou par de fatales imprudences. Fuyez donc ces disputes qui finissent souvent par des batailles, et dans lesquelles un coup maladroit peut occasionner de graves blessures, parfois même la mort.

Évitez ces imprudences, aussi sottes que dangereuses, dont les cas se renouvellent malheureusement trop souvent : on veut faire le brave, on prend un fusil qu'on ne croit pas chargé ; on vise et on tue un camarade ; et voilà un petit fanfaron devenu un meurtrier !

Et ces pierres que vous aimez tant à lancer, que de maux elles ont causés déjà ! Il est arrivé à un malheureux enfant d'atteindre ainsi sa mère qu'il ne voyait pas, et de la tuer.

4. Il n'est pas à craindre que vous réduisiez personne en esclavage, mes enfants, *dans ce libre pays de France dont un esclave ne peut toucher le sol sans être affranchi.*

Que de petits tyrans j'ai connus pourtant, toujours prêts à imposer leur volonté aux autres, véritables fléaux de la famille ou de l'école, abusant tantôt de leur force, tantôt de leur faiblesse ! L'enfant volontaire qui soumet ses parents à ses caprices, le camarade brutal qui contraint les plus faibles à lui obéir par la menace ou les coups, violent la loi de justice qui nous défend d'attenter à la liberté d'autrui. Gardez-vous de jamais les imiter !

5. Quant au vol, mes enfants, c'est un acte si honteux, que je vous ferais injure si je m'arrêtais sur ce sujet. Mais il y a bien des choses que l'on est tenté de ne pas considérer comme des vols, et qui méritent pourtant ce triste nom. Prendre une pomme, sans permission, à l'arbre du voisin, une grappe de raisin à sa vigne, c'est un vol, tout minime qu'en est la valeur; et un honnête enfant ne doit pas pouvoir penser à un tel larcin sans rougir.

6. De même, on se croit quelquefois le droit de conserver un objet qu'on a trouvé. Si c'était vous qui eussiez perdu cet objet, demandez-vous ce que vous penseriez de celui qui, l'ayant trouvé, ne voudrait pas vous le rendre ou ne chercherait pas à savoir à qui il appartient.

7. Enfin, mes amis, on peut voler sans prendre le bien matériel d'autrui; toute fraude est un vol; celui qui copie sa composition ne vole-t-il pas la place ainsi obtenue, et le vol ne se complique-t-il pas alors d'hypocrisie et de lâcheté?

8. L'homme a d'autres biens, mes enfants; ce sont les biens immatériels, ceux qui ne se voient pas, qui ne se touchent pas, mais qui n'en sont pas moins précieux : la réputation, par exemple, les idées ou les croyances, les sentiments. Pensez-vous que ce ne soit pas faire un tort, et souvent un tort cruel, que de porter atteinte à ces biens?

9. Je vous l'ai dit déjà : la calomnie est un crime si infâme, que je ne puis croire qu'un enfant en soit capable; mais que de maux n'ont pas produits

les jugements téméraires, les soupçons trop facilement conçus et trop volontiers répandus ! Vous vous rappelez cette pauvre servante que les bavardages inconsidérés d'un enfant firent accuser de vol et mettre en prison. Son innocence fut reconnue ; mais que n'a-t-elle pas souffert avant que justice lui fût rendue? et quels ont dû être les remords du petit malheureux, cause de ses maux?

10. Vous ne comprendrez que plus tard, mes petits amis, combien la tolérance est une grande et belle vertu. Soyez du moins indulgents les uns pour les autres; évitez ces moqueries, ces persécutions que vous infligez parfois à ceux qui ont des idées, des habitudes, des sentiments différents des vôtres.

Elles sont contraires à la fois à la justice et à la bonté.

QUESTIONNAIRE.

Comment peut s'énoncer le précepte de la justice? — Pourquoi certaines atteintes aux commandements de la justice sont-elles punies par la loi? — Quels sont les dangers des disputes? des imprudences? — Les enfants eux-mêmes ne peuvent-ils pas être de petits tyrans? — A-t-on le droit de prendre une pomme à l'arbre du voisin sans permission? — Peut-on s'approprier des objets trouvés? — Toute fraude n'est-elle pas un vol? — Ne devons-nous pas respecter la réputation du prochain? Ses croyances? Ses sentiments?

TRENTE-NEUVIÈME LEÇON

Il faut être bon.

1. Qu'avez-vous donc à vous quereller, Ernest et Jules? et que signifient ces gestes? Ah! je vois, Jules a oublié son encrier, et Ernest ne veut pas lui prêter le sien. Assurément Jules a eu tort d'oublier son encrier; c'est un manque de soin, et ce n'est pas la première fois qu'il se rend coupable de pareille faute.

D'autre part, il a tort de vouloir forcer Ernest à lui donner de l'encre; l'encrier est la propriété d'Ernest, qui a le droit d'en disposer à son gré.

Ernest fait-il bien cependant de refuser de l'encre à son voisin? Voyons, Ernest, mettez-vous à la place de Jules : si vous n'aviez pas apporté votre encrier et que Jules eût le sien, seriez-vous content s'il ne voulait pas vous y laisser tremper votre plume? Non, n'est-ce pas? Pourquoi donc ne lui faites-vous pas ce que vous voudriez qu'on vous fît à vous-même?

Voilà, mes enfants, comment Jules, à propos de quelques gouttes d'encre, a manqué au grand commandement de la charité : **Faites à autrui ce que vous voudriez qu'on vous fît à vous-même**, c'est-à-dire : **Aimez les autres, donnez-leur, quand vous le pouvez, ce qu'ils n'ont pas et dont ils ont besoin; soyez bon pour eux.**

2. Sans doute, on ne peut pas vous contraindre à exécuter ce commandement comme un commande-

ment de la justice; c'est votre conscience et votre cœur qui seuls vous le dictent, ce n'est pas la loi. Mais votre conscience, mes enfants, en vous ordonnant d'être charitables et bons, parle aussi haut qu'en vous ordonnant d'être justes. Elle vous dit que **nous sommes tous sur la terre comme des frères;** que **nous avons tous notre part de peines** et de **souffrances,** et qu'**il nous faut nous aider mutuellement pour en rendre le fardeau moins pénible.** Elle nous dit qu'**il faut être bon et nous aimer les uns les autres;** que cette bonté et cet amour sont ce qu'il y a au monde de plus beau et de plus doux.

3. Ainsi Ernest a cédé tout à l'heure à un mouvement d'égoïsme; je suis sûr qu'il le regrette maintenant, et qu'il comprend que son manque d'obligeance était une faute contre la charité.

Songez un peu, mes amis, à ce que serait votre école, si vous fermiez votre cœur à la bonté, si vous supprimiez entre vous tous ces petits services que la complaisance, c'est-à-dire une mutuelle charité dans les petites choses, vous inspire. Vous avez oublié votre encre, votre plume, votre livre: tant pis, répondrait le voisin, il fallait être plus soigneux; vous n'avez pas bien entendu l'énoncé du devoir, vous demandez un renseignement: tant pis, il fallait être plus attentif, ou avoir de meilleures oreilles; vous tombez, vous vous faites mal : tant pis, il fallait être plus adroit.

Ah! si vous parliez et agissiez ainsi, comme la joie et le bonheur s'envoleraient vite de votre école! et si tous les hommes suivaient ce triste exemple, que la terre deviendrait sombre et froide! ce serait comme si le soleil cessait de lui verser ses rayons. Soyez donc bons, mes enfants; c'est le penchant de votre nature, et c'est aussi un devoir, celui de tous les devoirs dont l'accomplissement fait le plus honneur à l'humanité.

4. **Être charitable, c'est toujours**, vous le voyez, **prélever quelque chose sur ce qu'on a pour le donner à ceux qui en ont besoin;** tantôt ce sera sur votre argent, tantôt sur votre temps, tantôt même sur votre cœur et vos affections. *C'est toujours un sacrifice imposé à l'égoïsme!* mais que l'égoïsme est laid, et que le sacrifice est beau!

5. Quand on parle de charité, on pense tout d'abord à l'aumône que l'on fait aux malheureux. L'aumône est, en effet, la forme la plus sensible de la charité; comment refuser à ce vieillard, à cette femme, à cet enfant qui souffrent de la faim, qui ont à peine de quoi se vêtir? Mais quand vous leur donnez, mes amis, n'imitez jamais cette petite fille riche qui jetait des sous aux pauvres, à travers la grille de son parc, en disant: « Les pauvres me dégoûtent, je leur donne pour qu'ils s'en aillent! »

Témoignez-leur, au contraire, que vous êtes sensibles à leurs maux; cette aumône du cœur leur fera autant de bien que l'autre.

Mieux vaut un sou donné avec bonté qu'un franc jeté avec dédain.

6. Peut-être n'avez-vous pas toujours un sou à donner. Mais combien d'autres moyens d'être charitable et bon?

Tenez, l'autre jour, quand le régiment est arrivé

et que tout le monde se précipitait pour le voir passer, il y avait un pauvre mendiant aveugle, qui risquait fort d'être bousculé par la foule. J'ai vu Paul qui l'a pris doucement par le bras et l'a conduit à l'écart. *Il a sacrifié pour cela un peu de son temps et de son plaisir.* N'a-t-il pas été plus charitable que s'il lui avait donné un sou, en lui disant : « Allons, mon bonhomme, faites place! »

6. Puis, il y a bien d'autres maux que la pauvreté, vous en ferez l'épreuve plus tard, mes enfants; il y a les injustices subies, les chagrins. Que de bien ne peut-on faire par un peu de compassion, en montrant à ceux qui souffrent qu'ils ne sont pas seuls à souffrir, et que l'on souffre avec eux!

Quand le petit Simon, qui est maintenant chez son oncle, a perdu sa mère, il était bien triste, bien malheureux; mais j'ai vu que plusieurs de ses camarades étaient allés le consoler, et que quelques-uns même pleuraient avec lui ; et le pauvre petit, en sentant leur affection, avait comme un pâle sourire à travers ses larmes.

Questionnaire

Quel est le commandement de la charité? — Peut-on contraindre les hommes à être charitables, comme à être justes? — N'est-ce pas cependant aussi un devoir d'être charitable et bon? — Qu'arriverait-il si la charité disparaissait du monde? — Qu'est-ce qu'être charitable? — Comment doit-on faire l'aumône? — Ne peut-on pas donner, même quand on n'a rien? — N'y a-t il pas d'autres maux à soulager que la pauvreté?

QUARANTIÈME LEÇON

Il faut être bon envers les animaux.

1. La classe de l'après-midi allait commencer; les élèves se rangeaient pour entrer à l'école, quand tout à coup on entendit sur la route un grand bruit, et des voix effrayées qui criaient : « Prenez garde, faites vite rentrer les enfants, voici un chien enragé ! » En effet, à peine la porte était-elle refermée sur les derniers arrivants, qu'on vit déboucher sur la place, dans une course furieuse, un chien au poil hérissé, la gueule pleine d'écume, les yeux sanglants. La malheureuse bête traînait, attaché à sa queue, un vieil arrosoir qui faisait un bruit étourdissant et qui, par la frayeur et l'affolement qu'il lui avait causés, avait évidemment déterminé en lui la rage. Presque aussitôt on entendit un coup de fusil, et le chien tomba pour ne plus se relever.

Les enfants regardaient cette scène, encore très épouvantés, quand, tout à coup, Auguste s'écria : « Oh ! monsieur, je le reconnais, c'est Carlo, le chien de notre cousin. Oh! pauvre Carlo! comment a-t-il pu devenir si méchant, lui qui était si bon! Si vous aviez vu, monsieur, il faisait toutes sortes de tours très amusants, et il connaissait si bien les gens de la maison et leurs amis! Quand j'allais voir mon cousin, il venait toujours au-devant de moi en jappant et en sautant de joie. « Oh! pauvre Carlo! » Et Auguste avait peine à retenir ses larmes..

2. Eh bien, mes amis, voilà les effets de la cruauté envers les animaux; quelques enfants auront attaché l'arrosoir à la queue de cette pauvre bête pour se divertir de sa frayeur, et vous voyez de quel malheur épouvantable ils auraient pu être la cause, sans compter qu'ils ont occasionné la mort d'un animal inoffensif et bon que ses maîtres doivent regretter, car un bon chien est presque un ami. J'espère bien que la leçon vous profitera, et que vous ne suivrez jamais un aussi vilain exemple.

Tourmenter les animaux, comme le font trop souvent les enfants, les accabler de coups, comme font quelquefois les hommes, **est toujours la preuve d'un mauvais cœur** et l'indice d'une méchante nature.

3. C'est d'abord prendre plaisir à voir et à faire souffrir; car ces pauvres bêtes sentent et souffrent comme nous, bien qu'elles ne puissent exprimer leur souffrance. Rappelez-vous quels cris vous jetez souvent pour la moindre égratignure, et pensez un peu à ce que doivent éprouver les pauvres bêtes qu'on cingle de coups

de fouet ou qu'on assomme à coups de bâton.

4. Puis, c'est presque toujours rendre le mal pour le bien; car les animaux qu'on maltraite sont généralement ceux qui nous rendent le plus de services : le chien, le cheval, l'âne, le bœuf.

5. Enfin, c'est un abus honteux de la force; car ce ne sont jamais que les bêtes inoffensives ou réduites à l'impuissance qui sont l'objet de mauvais traitements. On a peur de se faire mordre par le chien hargneux; on ne frappe pas le bœuf en liberté qui a ses cornes pour se défendre. Mais quand l'âne ou le cheval sont prisonniers entre leurs brancards, épuisés par de lourdes charges, quelle lâcheté de les frapper, de les meurtrir de coups! Se montrer ainsi cruel, ingrat et lâche, c'est se ravaler au-dessous même des pauvres bêtes qu'on maltraite et mériter d'être regardé soi-même comme une brute.

7. Et que peut-on attendre des enfants ou des hommes qui s'habituent à ces honteuses et méchantes actions? **La cruauté endurcit le cœur, et le rend mauvais; quand on se complaît aux souffrances des animaux, comment serait-on sensible à celles des hommes?**

On raconte qu'un assassin, qui acquit une triste célébrité par des meurtres nombreux, avait commencé par couper les pattes à de pauvres chiens pour se divertir de leurs cris et de leurs tortures.

7. Aussi est-ce avec raison que la loi Grammont punit d'une amende de cinq à quinze francs, et, dans certains cas, de un à cinq jours de prison, ceux

qui exercent abusivement de mauvais traitements envers les animaux domestiques.

8. Mais sans aller jusqu'à ces cruautés honteuses, il arrive que les enfants s'amusent à faire souffrir des insectes en leur arrachant les pattes ou les ailes ou cherchent à blesser les oiseaux à coups de pierre, et surtout à dénicher les nids. Ce sont là de vilains amusements qui ne dénotent pas un bon cœur. Il faut en comprendre la méchanceté et y renoncer, mes petits amis.

Quant aux dénicheurs de nids, sans compter qu'ils font cruellement souffrir les pauvres oiseaux auxquels ils enlèvent leurs petits, ils sont coupables encore d'une autre manière; car les petits oiseaux rendent aux cultivateurs les plus grands services, en détruisant les insectes nuisibles. On a calculé qu'une nichée de mésanges a détruit, en une vingtaine de jours, quinze mille chenilles. Quand vous empêchez des œufs d'éclore, quand vous mettez en cage de pauvres petits oiseaux, qui ne tardent pas d'ordinaire à y périr, c'est donc comme si vous semiez sur les champs de vos parents ou de vos voisins toutes les chenilles, tous les insectes que ces oiseaux, devenus grands, auraient détruits; c'est un beau service que vous leur rendez, n'est-ce pas?

Questionnaire.

Quelles conséquences peut avoir la méchanceté envers les animaux? — Les animaux ne souffrent-ils pas comme nous? — Ne nous rendent-ils pas des services? — N'est-il pas lâche en même temps que cruel de les faire souffrir? — Quels sont les effets de la cruauté sur l'homme? — Qu'est-ce que la loi Grammont? — Quel mal causent les dénicheurs d'oiseaux?

CHAPITRE VIII

IL FAUT SE CORRIGER DE SES DÉFAUTS

QUARANTE ET UNIÈME LEÇON

Il faut se corriger de ses défauts.

1. Vous savez maintenant, mes amis, ce qu'il faut faire pour être de bons fils, de bons frères, de bons écoliers, de bons camarades, de bons petits Français, pour être en toute occasion des enfants justes et bons : et je suis sûr que vous désirez tous mériter ces titres, les plus beaux qu'on puisse donner à un enfant, et qui font la joie de ses parents, de ses maîtres et de tous ceux qui l'entourent.

Mais il ne suffit pas de savoir ce qu'on doit faire, et d'avoir présentes à l'esprit ces règles de la morale, qui ne sont que les règles de la conscience. Il faut agir suivant ces règles; il faut faire ce qu'on doit ; et ici, mes amis, ceux mêmes qui ont le plus vif désir d'être bons, rencontrent, vous ne l'ignorez pas, des difficultés. Il faut faire effort, il faut lutter ; c'est une sorte de combat que notre volonté doit livrer sans cesse contre des ennemis que chacun de nous trouve en lui-même, et qui font de leur côté tout leur possible pour nous empêcher de faire ce que nous commande la conscience.

2. Savez-vous, mes enfants, quels sont ces ennemis ?

— Oh ! oui, monsieur, ce sont les défauts.

— Pouvez-vous m'en citer quelques-uns ? N'y en a-t-il pas dont nous avons déjà parlé ?

— Oui, monsieur : la colère, la jalousie, l'orgueil.

— Et en connaissez-vous d'autres ?

— La paresse, la gourmandise.

— Vous pourriez ajouter : l'impatience, la curiosité, et aussi la mollesse, et toutes les formes de l'orgueil : la vanité, la présomption, l'amour-propre, — l'égoïsme enfin et l'amour excessif du plaisir, qui sont la source de presque tous nos défauts ; car ils nous portent à rechercher en toutes choses notre agrément et notre intérêt au détriment de l'agrément et de l'intérêt de nos semblables.

Qu'est-ce qui vous empêche, par exemple, d'être obéissants ? C'est quelquefois la présomption qui vous fait croire que vous savez mieux que vos parents ce qui vous est utile et bon : ce pourrait être, dans quelques cas, la gourmandise ; c'est plus souvent encore l'amour du plaisir ou l'attrait du jeu qui vous entraînent.

Qu'est-ce qui vous empêche d'être de bons écoliers, bien laborieux ? C'est l'amour du plaisir encore, c'est la paresse. D'où viennent vos brouilles entre camarades? De l'orgueil, de la jalousie, de la colère.

3. La plupart de ces défauts, mes amis, tiennent à des dispositions de notre nature; mais c'est par l'habitude qu'ils se fortifient, qu'ils grandissent, qu'ils risquent de devenir les maîtres chez nous et de nous rendre à la fois mauvais et malheureux.

Qu'arrive-t-il à un champ, si on y laisse pousser et grandir les mauvaises herbes? Le bon grain est étouffé, et adieu la récolte.

Eh bien, **les défauts sont nos mauvaises herbes qu'il faut arracher** et extirper avec plus de soin et de vigilance encore que celles des champs; **car ils peuvent empoisonner notre vie tout entière.**

Faisons-leur donc courageusement la guerre ! traitons-les comme nos pires ennemis, d'autant plus dangereux qu'ils essayent de nous tromper en se faisant passer pour des amis.

4. **Le premier point,** mes enfants, **c'est de reconnaître franchement nos défauts,** de ne pas chercher à les cacher aux autres et à nous-mêmes par un orgueil mal entendu. Notre véritable intérêt, d'accord avec les règles de la sincérité et de la modestie, nous ordonne de les voir tels qu'ils sont, si nous voulons vraiment y porter remède.

5. Il faut ensuite les surveiller constamment, avec la ferme volonté de ne leur jamais laisser prendre le dessus. Chacun de nous a son défaut dominant qui est toujours prêt à l'entraîner : pour l'un, ce sera la paresse, pour l'autre la colère, pour celui-ci l'orgueil, pour celui-là la gourmandise.

Quand vous croyez que quelqu'un vous en veut, vous savez bien vous mettre en garde contre lui, et déjouer ses mauvais desseins; faites de même pour ce défaut, pour ce mauvais penchant qui vous en veut, lui aussi, et qui s'efforce de vous mener à votre perte.

6. Demandez-vous chaque soir si vous lui avez cédé dans la journée ; et si cela vous est arrivé, rappelez-vous, pourquoi et comment vous vous êtes laissé surprendre, afin d'éviter de retomber le lendemain dans les mêmes fautes.

Franklin, dont je vous ai déjà parlé, pour réussir plus sûrement à se corriger de ses défauts, en avait dressé soigneusement la liste, et, pour ne pas risquer de perdre ses efforts en luttant contre tous à la fois, il en choisissait un chaque semaine, auquel il faisait tout particulièrement la guerre.

Faites comme lui, mes enfants, et si vous vous sentez faillir parfois dans la lutte, recourez à une force que Franklin n'avait pas, car il était orphelin : mettez vos mères de moitié dans vos efforts, confiez-leur vos succès et aussi vos échecs ; qu'elles soient votre conscience, conscience sévère et tendre à la fois, pleine d'encouragements et de bons conseils, qui vous récompensera de vos peines par la joie que vous lui assurerez, et, par la crainte de l'attrister, vous rendra forts contre vos tentations et vos faiblesses.

QUESTIONNAIRE.

Qu'est-ce qui nous empêche parfois d'obéir aux commandements de la conscience? — Quels sont nos principaux défauts? — Comment devons-nous traiter nos défauts? — Que faut-il faire pour s'en corriger? — Que faisait Franklin? — Quel recours peut nous aider à triompher de nos défauts?

QUARANTE-DEUXIÈME LEÇON

Il faut avoir honte de la paresse et de l'ignorance.

1. Vous avez vu, mes enfants, quels sont les dangers de la colère, et combien il est honteux de se laisser rabaisser par elle au rang des animaux. Vous savez maintenant combien la jalousie est injuste, et vous connaissez les maux qu'elle cause à nos semblables et à nous-mêmes. Vous avez compris que l'orgueil est chose sotte et laide, et que le mensonge est une honte!

Voilà des défauts que nous allons mettre sur notre liste, n'est-ce pas? et dont nous tâcherons de débarrasser bientôt l'école.

Mais il y en a d'autres encore, contre lesquels il n'est pas moins important de nous défendre.

2. C'est d'abord le défaut principal de beaucoup d'écoliers, la paresse. Vous vous rappelez tout ce que nous avons dit de l'amour du travail; il y avait là déjà bien des raisons de fuir ce vilain

défaut; mais il faut la regarder elle-même, cette honteuse paresse, il faut en bien voir la laideur et les dangers.

3. Voyez d'abord quel est, à l'école, le sort du paresseux! A quel prix achète-t-il le triste plaisir de ne rien faire? Il se fait gronder, punir tous les jours, et passe plus de temps à faire ses punitions qu'il ne lui en aurait fallu pour bien soigner ses devoirs. A la maison, il ne voit que des visages attristés; à l'école, si on lui demande de réciter ses leçons, il s'arrête au bout de quelques mots, il ânonne piteusement; si on l'interroge, il se tait ou il répond quelque sottise qui fait rire de lui.

4. Et comment ne se moquerait-on pas de lui? un enfant qui ne se sert pas de son intelligence, qui ne profite pas des occasions de s'instruire, c'est comme un oiseau qui, ayant des ailes, ne volerait pas. C'est pis encore, *c'est comme un homme qui, ayant des yeux, ne voudrait pas voir* et *se condamnerait à rester aveugle* : car n'est-ce pas être vraiment aveugle, que de rester volontairement ignorant de tout ce que d'autres savent, de ce qu'il est indispensable de savoir, si l'on veut devenir un homme et un citoyen?

5. Ce serait bien autre chose encore qu'à l'école, si l'on vous voyait plus tard, sachant à peine lire et compter, constamment obligés de recourir aux autres, incapables même de discerner si, dans leurs réponses, les personnes auxquelles vous vous adressez ne vous punissent pas de votre ignorance en se moquant de vous.

6. Si au moins elle rapportait quelque chose, cette honteuse paresse! mais quel est le paresseux, s'il voulait être franc, qui ne reconnaîtrait que **de l'oisiveté il ne peut sortir que l'ennui, l'ennui qui ronge l'âme et qui est comme la paralysie de l'esprit?**

7. Voulez-vous savoir quelle existence se prépare l'enfant paresseux? Interrogez le vieux mendiant Duchesne, que vous voyez quelquefois venir frapper aux portes pour avoir un morceau de pain? Demandez-lui de vous raconter sa vie! Ses parents étaient des cultivateurs aisés, et tout semblait lui promettre une existence heureuse et honorable; mais il était paresseux, il n'aimait pas à s'instruire, les leçons l'ennuyaient. Au lieu d'aller régulièrement à l'école, il s'échappait, toutes les fois qu'il le pouvait, pour aller courir les champs, dénicher les oiseaux, parfois même marauder. Son père, voyant qu'il ne voulait rien apprendre, le mit au travail de la terre; mais il n'aimait pas plus travailler des bras que de la tête; il trouva la besogne trop dure, et voulut apprendre un métier. Tous le rebutèrent, parce que partout il fallait travailler, et il finit par s'engager; mais il ne put se plier à la discipline militaire. Constamment puni, il passa sept ans au régiment sans obtenir même le galon de soldat de première classe. Son service terminé, il trouva ses parents morts de chagrin; il vendit les biens qu'ils lui avaient laissés, et qu'il ne savait pas faire valoir. A la ville, où il se rendit, il eut bientôt dissipé son petit avoir, et alors, ne connaissant aucun métier, incapable

même de travailler comme manœuvre, tant l'habitude de la paresse était enracinée en lui, il n'eut plus d'autre ressource que de mendier.

Aujourd'hui, le voilà sans asile, sans pain, presque sans vêtements, cassé avant l'âge, couvert de rhumatismes, ne vivant que de charité, objet de pitié pour tous, destiné à mourir quelque jour de faim ou de froid.

Telles sont les conséquences désastreuses auxquelles sont exposés ceux qui, dès leur enfance, ont contracté l'habitude de la paresse. Aujourd'hui, mes amis, que tout le monde va à l'école, que le nombre des ignorants diminue de plus en plus, le sort du paresseux risque de devenir plus terrible et plus honteux encore.

Questionnaire.

Quel est le défaut principal des écoliers? — Le paresseux est-il heureux à l'école? — Pourquoi mérite-t-il qu'on se moque de lui? — A qui ressemble-t-il? — Que lui arrivera-t-il plus tard? — La paresse procure-t-elle quelque plaisir? — Quelles en sont les conséquences?

QUARANTE-TROISIÈME LEÇON

Il faut éviter tout excès.

1. Que t'est-il donc arrivé, Jules, tu as l'air tout effrayé?

— Oh! monsieur, c'est qu'en venant à l'école, j'ai rencontré un homme qui m'a fait peur; il allait chancelant d'un côté de la rue à l'autre, les yeux lui sortaient de la tête, et il chantait d'une voix rauque.

Quand il m'a aperçu, il s'est mis à rire d'un rire étrange, comme quelqu'un qui aurait perdu la raison, et il m'a appelé; puis, lorsqu'il a vu que je pressais le pas, sans chercher à savoir ce qu'il me voulait, il est entré dans une colère effroyable, et il a voulu me poursuivre. Mais il est tombé en criant et en jurant. J'aurais bien voulu l'aider à se relever, car il me faisait pitié; mais il avait l'air si méchant, que j'ai craint qu'il ne me fît du mal, et je suis bien vite venu ici par le chemin le plus court.

— C'est un ivrogne que tu as rencontré, mon enfant. Tu vois où cette malheureuse passion de la boisson peut conduire un homme; ce n'est plus un être raisonnable; il ne sait plus ce qu'il fait ni ce qu'il dit; il passe sans raison de l'attendrissement à la colère et à la rage; c'est une brute descendue au-dessous des animaux, car il ne peut même plus se tenir sur ses jambes; la tête lui tourne, il va chancelant et trébuchant, jusqu'à ce qu'il roule et tombe, comme celui que tu as vu, sans pouvoir se relever.

2. Songe, mon enfant, si ce malheureux a une famille, à l'effroi et à la douleur que doivent éprouver sa femme et ses enfants, en le voyant arriver dans cet état! Trop souvent, hélas! l'ivrogne ne revient au logis qu'après avoir dépensé au cabaret l'argent qui devait servir à faire vivre les siens, et sa famille manque de pain, pendant qu'il assouvit sa honteuse passion.

Que de fois aussi, dans la fureur aveugle et bestiale où le jette le vin, l'ivrogne, pour un mot qui lui déplaît, saisit la première arme qui lui tombe sous la main, frappe, blesse ou tue ceux qu'il rencontre. Que de meurtres commis dans les horribles disputes que cause l'ivresse!

3. S'il ne va pas jusqu'au crime, que peut devenir l'ivrogne? son intelligence s'obscurcit, ses forces s'épuisent, il devient incapable de travailler; il n'est plus qu'un fléau pour les siens et pour lui-même, un objet d'épouvante et de dégoût pour tout le monde.

Aussi est-ce avec raison que la loi punit l'ivresse de l'amende ou même de la prison.

4. Je n'ai pas besoin, mes enfants, de vous prémunir contre ce vice dégradant : l'ivresse n'est heureusement pas le fait de l'enfance, et la vue des désordres auxquels elle conduit, suffit pour vous en inspirer de l'horreur.

Mais tout se tient, et **les petits défauts en-**

gendrent souvent les grands vices. C'est, dans bien des cas, par la gourmandise, par l'amour excessif de la bonne chère que l'on est conduit à l'ivrognerie.

5. Gardez-vous donc, mes amis, d'un défaut qui peut avoir des suites si funestes, et qui est indigne d'un honnête et sage enfant. Manger et boire sont des nécessités de la vie, et assurément le plaisir qu'on éprouve à manger quand on a bien faim, à boire quand on a bien soif, n'a rien de répréhensible; mais continuer à manger et à boire, quand la faim et la soif sont apaisées, pour le seul plaisir qu'on y trouve; rechercher les friandises, se faire de ce qu'on mangera ou boira un objet de préoccupation, trop y penser et s'en réjouir d'avance, c'est déjà être sur la pente au bas de laquelle a roulé le véritable gourmand, celui qui ne vit que pour manger, qui se fait, comme on dit, un dieu de son ventre.

5. Vous savez, mes enfants, en quels termes on parle de celui-là! Quelle honte pour une créature raisonnable de rechercher uniquement les plaisirs qui rabaissent l'homme au niveau de la bête; plaisirs égoïstes par excellence, si vite passés d'ailleurs, et qui ont si souvent des suites fâcheuses pour la santé!

6. Je vous vois souvent, quand vous avez quelques sous dans votre poche, aller bien vite les échanger chez le confiseur ou l'épicier contre des gâteaux ou des bonbons. Pensez donc à ce moment qu'il y a des enfants qui n'ont pas de pain, conservez vos petits sous pour une œuvre de charité ; pensez aussi que vous-mêmes vous pourriez en avoir besoin pour quelque chose de beaucoup plus utile, et qu'ils vous profiteraient bien davantage, si vous les mettiez à la caisse d'épargne scolaire.

7. Ne croyez pas non plus qu'il soit nécessaire de manger beaucoup pour devenir fort et se bien porter ; les personnes les plus sobres sont toujours celles qui sont le moins souvent malades et vivent le plus longtemps. Franklin, qui ne buvait que de l'eau, raconte qu'il était plus vigoureux dans sa jeunesse que les ouvriers anglais au milieu desquels il vivait et qui étaient de grands mangeurs et de grands buveurs de bière. « Ils m'appelaient par dérision, dit-il, l'*Américain aquatique* ; ils furent tout surpris de me voir soulever facilement d'une main de lourds casiers d'imprimerie qu'ils ne pouvaient manier qu'avec les deux mains. »

QUESTIONNAIRE.

L'ivresse ne rabaisse-t-elle pas l'homme au niveau des animaux ? — Quelles sont les tristes conséquences de l'ivresse pour la famille de l'ivrogne ? — Pour lui-même ? — Comment commence souvent l'habitude de s'enivrer ? — Qu'est-ce que la gourmandise ? — Ne peut-elle pas devenir un vice honteux ? — A quoi faut-il employer ses économies ? — Quel est le meilleur moyen de se bien porter et de vivre longtemps ?

QUARANTE-QUATRIÈME LEÇON

Il faut savoir vouloir.

Pour vous corriger de vos défauts, vous le voyez, mes enfants, il suffit de vouloir; mais **il faut savoir vouloir.**

1. D'abord, **quand on a pris une bonne résolution, il ne faut jamais attendre pour l'exécuter**; il faut se mettre à l'œuvre tout de suite, sans hésitation et sans retard. Si l'on s'imagine qu'on aura demain le courage qu'on n'a pas aujourd'hui, on se trompe soi-même ; demain vous serez, au contraire, moins disposé qu'aujourd'hui; attendre est un acte de faiblesse qui vous rendra la bonne volonté plus difficile. Vous connaissez l'histoire du barbier qui avait fait peindre sur son enseigne ces mots : « Ici, on rasera gratis demain »; ce demain-là ne vient jamais ou il vient trop tard. Tenez, j'ai connu un petit garçon qui avait ce défaut (car c'est bien un défaut encore); cela désolait ses parents, et surtout son grand-père, qui craignait de voir cette faiblesse paralyser toutes les bonnes dispositions de son petit-fils. Comme il n'habitait pas la même ville, il lui écrivait souvent à ce sujet, sans obtenir grand résultat; l'enfant n'était pas insensible aux exhortations du vieillard, mais il remettait toujours tout à demain... Une fois cependant il avait reçu une lettre si touchante de son grand-père, qu'il se dit : « Je vais

lui prouver que je suis corrigé, en lui répondant tout de suite »; et déjà la lettre était préparée dans sa tête; mais c'est, sans doute, chose très difficile de se lever quand on est assis, d'aller à sa table de travail, de prendre du papier, une plume, de tremper sa plume dans l'encrier, de mettre enfin, dans une vraie lettre, ce qu'on a tout prêt dans l'esprit.

Bref, la lettre fut remise au lendemain, puis au lendemain encore; les jours se passèrent, lorsqu'arriva une dépêche annonçant que le grand-père venait de mourir. Le pauvre homme, n'ayant pas reçu la lettre qu'il attendait, avait sans doute cru son petit-fils insensible et incorrigible. Cette fois, la cruelle leçon profita à mon petit ami; mais il n'a jamais pu se consoler de s'être corrigé trop tard.

2. Ensuite, mes enfants, **il faut vouloir avec persévérance**, d'une volonté qui ne se laisse pas rebuter par la première difficulté qui survient. Que de fois, j'en suis sûr, vous vous êtes dit en vous levant : « Aujourd'hui je veux être sage, obéissant, je veux bien travailler! » La journée commence bien; parfois même la matinée est bonne, et vous êtes déjà tout heureux et tout fiers de votre petit succès. Mais voilà que votre mère vous commande quelque chose qui vous déplaît, ou bien la leçon

vous paraît trop difficile et vous ennuie, ou bien encore un de vos camarades vous fait quelque niche; vous vous disputez avec lui et vous vous faites punir; et la journée qui avait été si bien commencée, se trouve perdue.

Eh bien, si vous faisiez un effort courageux en vous disant, que c'est précisément quand ce qu'on nous commande nous déplaît le plus, qu'il faut le plus lutter contre nous-mêmes pour obéir; que, lorsque les leçons ou les devoirs nous paraissent plus difficiles, il faut se donner plus de peine pour en venir à bout, vous remporteriez une victoire qui vous aiderait à en remporter d'autres, et la journée, à votre grand contentement, se terminerait comme elle avait commencé.

N'est-ce pas humiliant de céder toujours au premier choc?

C'est une petite lâcheté; et après beaucoup de ces petites lâchetés-là, on se laisse aller aux grandes, parce qu'on n'a pas été assez fort contre soi-même. Et **parce qu'on n'a pas su vouloir, on finit par faire tout le contraire de ce qu'on aurait voulu.**

3. Pourtant, mes enfants, malgré ces échecs, et lors même qu'ils se seraient bien des fois renouvelés, et quelque tristesse, quelque dépit qu'ils vous causent, il ne faut jamais perdre entièrement courage; le découragement, ce serait la défaite, et **dans la guerre à nos défauts, on ne doit jamais se reconnaître vaincu.** Ne prenez pas trop vite votre parti de vos faiblesses, — ce serait une autre faute; — ne vous en consolez pas trop facilement; surtout ne dites jamais : c'est fini, je ne pourrai pas me corriger! La lutte peut être plus difficile, plus longue pour les uns que pour les autres; mais à condition de ne désespérer jamais, de toujours recommencer de nouveaux efforts, pour tous la victoire est au bout.

QUESTIONNAIRE.

Que faut-il faire surtout pour se corriger de ses défauts? — Pourquoi ne faut-il jamais attendre au lendemain? — Comment faut-il vouloir? Qu'est-ce que la persévérance? — Qu'arrive-t-il quand on n'a pas su vouloir? — Pourquoi ne faut-il jamais désespérer?

CHAPITRE IX

IL FAUT AIMER LE BIEN

QUARANTE-CINQUIÈME LEÇON

Il faut conserver l'estime et le respect de soi-même.

1. **Vous corriger de vos défauts**, mes petits amis, **c'est acquérir des qualités.** Si vous gagnez sur vous-mêmes, à force de savoir vouloir, de n'être plus paresseux, vous devenez des enfants laborieux. Cesser d'être gourmand, c'est devenir sobre; cesser d'être orgueilleux, c'est devenir modeste; ne plus être emporté ou impatient, c'est devenir patient et maître de soi.

Ainsi, en faisant effort sur vous-mêmes pour vous débarrasser des défauts qui vous empêchaient d'être de bons fils, de bons écoliers, de bons camarades, de bons petits Français, c'est-à-dire d'être bons *pour vos semblables* en toute circonstance, vous êtes aussi devenus meilleurs en vous-mêmes et *pour vous-mêmes.*

2. Mais *que sont vos défauts*, mes enfants, *sinon*

des formes diverses de l'égoïsme? L'élève orgueilleux se juge supérieur à ses camarades; celui qui est jaloux voudrait leur enlever les avantages qu'il ne possède pas lui-même; l'enfant désobéissant tient plus à son propre contentement qu'à celui de ses parents; l'écolier paresseux préfère son oisiveté à la satisfaction de sa famille et de ses maîtres, et ne veut pas se mettre en état d'être plus tard utile à ses semblables; le gourmand, qui ne se préoccupe que des plaisirs de son estomac, se soucie peu, s'il a bien dîné, que les autres aient faim.

En triomphant de vos défauts, vous *triompherez donc aussi de l'égoïsme.* Chacun de vos efforts pour n'être plus paresseux, gourmands, désobéissants, est aussi un de ces petits sacrifices dont nous avons déjà parlé; et comme ces efforts réunis vous donnent plus de force pour résister à la tentation de mal faire, ces petits sacrifices accumulés vous rendent plus capables d'être bons, plus dignes d'être aimés et estimés de tous.

3. Or, **quand on se rend digne d'être aimé et estimé des autres, on a aussi le droit d'être content de soi et de s'estimer soi-même.** Cette satisfaction, cette estime de soi, n'a rien de commun avec l'orgueil qui n'est qu'une injuste et égoïste préférence pour nous-mêmes; c'est le témoignage que nous rend notre conscience, quand nous avons obéi à sa voix, quand nous avons fait notre devoir; c'est le sentiment que nous n'avons rien fait d'indigne de nous, que nous n'avons à rougir de rien, ni devant nos semblables, ni devant nous-mêmes.

C'est ce sentiment, mes enfants, qu'il faut conserver précieusement, si, comme vous vous l'êtes promis, vous voulez devenir des hommes honnêtes, après avoir été d'honnêtes et bons enfants.

Suivez le conseil de l'illustre Franklin, de ce sage que je vous ai déjà souvent cité : mettez-vous chaque soir devant votre miroir avant de vous coucher, et rappelez-vous ce que vous avez fait dans votre journée ; si vous pouvez vous regarder bien en face, sans rougir, *c'est que vous avez conservé l'estime et le respect de vous-même; cela suffit.*

4. Ce qui distingue l'homme des autres êtres, mes enfants, ce qui le rend infiniment supérieur à eux, c'est qu'il a une raison, un cœur, une volonté ; c'est ce qui constitue en lui l'âme, la personne morale ; c'est ce qui donne à chacun de nous une dignité qui est notre bien le plus précieux, et que l'estime et le respect de nous-mêmes peuvent seuls conserver intacte.

Or, toute faute porte atteinte à cette dignité, parce qu'elle est aussi une atteinte à notre raison, à notre cœur, à notre volonté, qui font de nous des hommes.

Cela est clair comme la lumière du jour pour la colère et l'ivresse, qui nous rabaissent au rang des animaux. Ne dit-on pas de ceux qui se laissent aller à ces vices honteux : Ce ne sont plus des hommes!

Mais ceux qui abusent de leur force, ceux qui fuient lâchement devant le danger, se conduisent-ils comme des hommes?

Le paresseux qui n'apprend rien, qui ne fait rien, n'étouffe-t-il pas, autant qu'il peut, sa raison et sa volonté?

Est-ce que l'ingrat, l'égoïste qui reste insensible aux souffrances de ses semblables et ne fait rien pour leur venir en aide, n'agissent pas comme s'ils n'avaient pas de cœur?

Est-ce que le menteur qui dit le oui pour le non et trompe la confiance, ne fait pas violence à la raison, en s'en servant contre la vérité?

Agir comme si nous n'avions ni raison, ni cœur, ni volonté, c'est faire comme l'homme qui manque à sa parole, c'est déshonorer en nous la dignité humaine

5. La raison est faite pour la vérité, le cœur pour la bonté, la volonté pour le courage.

Si donc vous voulez garder intacte votre dignité d'homme, si vous voulez conserver l'estime et le respect de vous-mêmes, **soyez francs, soyez bons, soyez courageux.**

Que la franchise, la bonté, le courage soient pour vous une règle absolue, une règle dont vous jurerez à vous-mêmes de ne jamais dévier d'une ligne.

Ces trois qualités, mes enfants, ont toujours été

comme la devise de la France; il faut qu'elles soient aussi la vôtre, pour que vous soyez vraiment des Français et que vous deveniez des hommes.

QUESTIONNAIRE

Qu'arrive-t-il quand on parvient à se corriger d'un défaut? — Peut-on être bon pour ses semblables sans devenir meilleur soi-même? — Tous les défauts ne dérivent-ils pas de l'égoïsme? — Quand a-t-on le droit de s'estimer soi-même? — En quoi l'estime de soi-même diffère-t-elle de l'orgueil? — Quel conseil donne Franklin à ceux qui veulent conserver l'estime d'eux-mêmes? — Qu'est-ce qui rend l'homme supérieur aux autres êtres? — Quel est notre bien le plus précieux? — Pourquoi toute faute porte-t-elle atteinte à notre dignité? — Pour quoi sont faits la raison? le cœur? la volonté?

QUARANTE-SIXIÈME LEÇON

Aimer le bien, c'est aimer Dieu.

1. *C'est la conscience, mes enfants, que nous avons écoutée, vous et moi, dans ces leçons*; tout ce que je vous ai enseigné, c'est elle qui me l'a dicté; et c'est elle aussi qui, en vous le répétant, vous le faisait comprendre.

Non seulement elle nous montre ce qui est bien et ce qui est mal, mais *elle nous fait aimer le bien*, et *nous inspire l'horreur du mal*.

Quand nous avons obéi à ses commandements, elle nous en récompense par un sentiment de satisfaction et de joie; quand nous lui avons désobéi, elle nous en punit par cette honte et ce regret qu'on appelle le remords. Dans le premier cas, nous sommes en paix avec nous-mêmes; dans le second, nous sommes troublés, tourmentés, inquiets.

2. Qu'est-elle donc cette conscience qui nous oblige à l'écouter, et que nous ne pouvons ni faire parler comme nous le voudrions, ni faire taire à notre gré?

Elle tient à tous le même langage; et c'est à cela même que nous reconnaissons son autorité; car *une loi qui n'ordonnerait pas à tous la même chose dans les mêmes circonstances, ne serait plus une loi.*

Quand elle nous dit : « Ne fais pas cela, car cela est injuste », n'est-ce pas comme si la Justice même nous parlait?

Quand elle nous dit : « Fais cela, car cela est bon », n'est-ce pas comme si le Bien même nous commandait?

Si nous avions tous le même père et la même mère, et s'ils pouvaient se faire entendre directement à notre cœur, ne serait-ce pas ainsi qu'ils nous parleraient?

C'est qu'en effet, mes amis, la conscience n'est pas autre chose que la voix du Père de tous les êtres parlant à tous ses enfants, la voix de Celui qui est la justice et la bonté même, nous enseignant sa nature et sa loi, — en un mot, *la voix de Dieu* qui se révèle à nous dans le secret de notre raison et de notre cœur.

3. Dieu, mes enfants, vous le trouvez partout.

La nature tout entière vous raconte sa puissance et sa sagesse infinies.

Levez vos regards vers le ciel par une nuit

étoilée : il semble que c'est l'Infini lui-même qui s'ouvre devant nous; et l'harmonie qui règle les mouvements des astres ne nous pénètre pas moins d'admiration que l'immensité de leur nombre et de leur étendue.

Étudiez le moindre insecte, et son organisation vous révélera une sagesse aussi merveilleuse que celle qui a tracé leur chemin aux astres.

4. Puis, tout vous parle de la bonté divine et de ses bienfaits : c'est Dieu, le père de la grande famille humaine, qui a mis dans le cœur de votre père et de votre mère les trésors de leur amour et de leur tendresse pour vous. C'est lui qui a tout disposé, pour que l'homme pût vivre et progresser dans ce coin du monde où il est placé.

5. Mais descendez en vous-mêmes, mes enfants; écoutez votre conscience : c'est là que vous trouverez la révélation de Dieu, la plus directe et la plus haute. Le spectacle que vous y verrez est aussi beau, encore plus beau peut-être, que celui du ciel étoilé. Car la loi de justice et de charité qui instruit les âmes est plus belle que la loi qui régit les astres; et ce monde invisible que forment toutes nos consciences unies à la conscience de Dieu, est plus beau que l'univers matériel dans toute sa splendeur.

Est-ce que l'amour d'une mère pour son enfant, le dévouement d'un homme qui sacrifie sa vie à la justice, ou brave la mort pour sauver un de ses semblables, ne sont pas plus beaux encore que les merveilles de la nature?

N'est-ce pas aux enseignements de la loi de

justice et de charité parlant dans la conscience, que l'humanité doit tous les progrès qu'elle a réalisés, tous ceux qu'elle attend et espère encore?

Et n'est-ce pas cette loi enfin qui fait vraiment notre dignité et notre grandeur, puisque non seulement elle nous élève au-dessus des autres êtres, mais nous rattache à Dieu?

6. Ainsi, mes enfants, aimer le bien, et aimer Dieu, ne sont pas deux choses distinctes, mais une seule et même chose sous deux noms différents. Celui qui obéit le mieux à la voix de la conscience, est aussi celui qui remplit le mieux ses devoirs envers Dieu. **S'efforcer de devenir meilleur, faire tout le bien que nous pouvons, donner tous les bons exemples, se dévouer au bonheur les uns des autres : c'est la meilleure manière de prouver à Dieu notre reconnaissance et notre respect.**

Questionnaire.

Qui avons-nous entendu parler dans toutes ces leçons? — Que nous enseigne la conscience? — Quels sentiments nous fait-elle éprouver? — Pouvons-nous faire parler ou faire taire la conscience à notre gré? — N'ordonne-t-elle pas la même chose à tous les hommes? — Comment nous parle-t-elle? — N'est-elle pas la voix de Dieu même? — Comment la nature nous fait-elle connaître la puissance et a sagesse de Dieu? — Comment nous prouve-t-elle sa bonté? — Quelle est la révélation la plus directe de Dieu? — Quel est le plus beau spectacle que nous puissions contempler? — Quels sont nos devoirs envers Dieu?

FIN

TABLE DES MATIÈRES

CHAPITRE PREMIER

Il faut être un honnête homme.

CHAPITRE II

Il faut être un bon fils.

CHAPITRE III

Il faut être un bon frère.

CHAPITRE IV

Il faut être un bon écolier.

CHAPITRE V

Il faut être un bon camarade.

CHAPITRE VI

Il faut être un bon petit Français.

CHAPITRE VII

Il faut être juste et bon.

CHAPITRE VIII

Il faut se corriger de ses défauts.

CHAPITRE IX

Il faut aimer le bien.

FIN DE LA TABLE

143-91. — CORBEIL. Imprimerie Crété

A LA MÊME LIBRAIRIE

L'ÉDUCATION PAR LA POÉSIE

RÉPERTOIRE DES POÈMES POPULAIRES DU XIXe SIÈCLE

1re PARTIE. **Poésies enfantines et Fables.**
2e PARTIE. **Poèmes patriotiques.** — 3e PARTIE. **Chefs-d'œuvre littéraires.**

Par BIDART, Professeur.

1 vol. relié........................ 1 fr. 80
Le même, reliure pleine, toile........................ 2 fr. 50

COURS DE LECTURE EXPLIQUÉE ET DE COMPOSITION FRANÇAISE

Par Charles CAUSERET, Inspecteur d'Académie.

1 vol. illustré........................ » fr. 70
Le Livre du Maître........................ 2 fr. »

COURS PRÉPARATOIRE DE LANGUE FRANÇAISE

Par H. BOULLIEZ et D. LEFEBVRE, Instituteurs.

1 vol. in-12, illustré de 221 vignettes........................ » fr. 80

LE VERBE

Le forgeron *bat* le fer.

Le cheval *traîne* la herse.

La cloche *sonne*.

Les forgerons *battent* le fer.

Les chevaux *traînent* la herse.

Les cloches *sonnent*.

LEÇON. — 1. Les mots **bat, traîne, sonne,** indiquent l'action que font le forgeron, le cheval et la cloche; on les appelle des **verbes**.

2. **Le verbe** est un mot qui marque l'action que **font** les personnes, les animaux et les choses.

Élocution. 1. Que fait le forgeron?... — 2. Que fait le cheval?... — 3. Que fait la cloche?...

2558-97. — Corbeil. Imprimerie Crété.

www.ingramcontent.com/pod-product-compliance
Ingram Content Group UK Ltd.
Pitfield, Milton Keynes, MK11 3LW, UK
UKHW012034240726
13965UKWH00002B/786